Christian Abele

PR und Journalismus - Interdependenzen der beiden Systeme

Inhaltsanalyse Vergleich BILD und Berliner Zeitung

GRIN Verlag

Bibliografische Information der Deutschen Nationalbibliothek:

Die Deutsche Bibliothek verzeichnet diese Publikation in der Deutschen National-
bibliografie; detaillierte bibliografische Daten sind im Internet über http://dnb.d-
nb.de/ abrufbar.

Impressum:

Copyright © 2009 GRIN Verlag GmbH
Druck und Bindung: Books on Demand GmbH, Norderstedt Germany
ISBN: 978-3-640-71575-6

Dieses Buch bei GRIN:

http://www.grin.com/de/e-book/158319/pr-und-journalismus-interdependenzen-
der-belden-systeme

GRIN - Your knowledge has value

Der GRIN Verlag publiziert seit 1998 wissenschaftliche Arbeiten von Studenten, Hochschullehrern und anderen Akademikern als eBook und gedrucktes Buch. Die Verlagswebsite www.grin.com ist die ideale Plattform zur Veröffentlichung von Hausarbeiten, Abschlussarbeiten, wissenschaftlichen Aufsätzen, Dissertationen und Fachbüchern.

Besuchen Sie uns im Internet:

http://www.grin.com/

http://www.facebook.com/grincom

http://www.twitter.com/grin_com

PR und Journalismus – Interdependenzen der beiden Systeme

Am Beispiel der PR Meldung zur Kündigung
Jürgen Klinsmanns bei Bayern München

Abstract:

Diese Proseminararbeit befasst sich mit der Beeinflussung der PR auf den Journalismus. Des Weiteren wird die Berichterstattung der Berliner Zeitung (Qualitätszeitung) mit der BILD Zeitung(Boulevardzeitung) verglichen. Hierzu wurde eine PR-Meldung des FC Bayern München zur Kündigung Klinsmanns genommen. Im Forschungsteil habe ich untersucht, wie die Journalisten der jeweiligen Zeitungen mit dieser PR-Meldung umgehen und ob sie Eigenrecherche betreiben und somit eine breite Hintergrundinformation geben. Als Methode habe ich die Inhaltsanalyse angewandt. Ich bin auf die Schlussfolgerung gekommen, dass Qualitätszeitungen um einiges mehr Hintergrundinformationen geben als Boulevardzeitungen, Qualitätszeitungen fällen weitaus weniger Urteile und die Berichterstattung ist umfangreicher. Die Berichterstattung der BILD Zeitung war sehr stark auf die Person Jürgen Klinsmann gerichtet und nicht so sehr auf den Verein als Gesamtes oder die Folgen der Kündigung.

Keywords:

Jürgen Klinsmann

Qualitätszeitung

Boulevardzeitung

FC Bayern München

Fußball Weltemeisterschaft 2006

PR

Journalismus

Determination

Inhaltsverzeichnis:

Einleitung:

Das Verhältnis von PR und Journalismus ist seit jeher von Spannungen geprägt. Zwischen den beiden Disziplinen besteht eine starke wechselseitige Beziehung. Bereits im Jahre 1979 urteilte die deutsche Kommunikationswissenschaftlerin Barbara Baerns „ die Themen und das Timing der Medienberichterstattung seien durch PR-Leistungen bestimmt". (Riesmeyer 2007:7) Für den Journalismus ist diese Aussage von großer Bedeutung, da die ursprüngliche Philosophie des Journalismus, seine Unabhängigkeit und die Qualität seiner Recherche, auf dem Spiel steht.

Die Beeinflussung von PR auf den Journalismus ist unverkennbar, doch inwiefern dieses Wechselspiel besteht und inwieweit auch der Journalismus Einfluss auf die PR nimmt, ist eine zentrale Fragestellung. „Journalism would be lost without the continuous flow of PR material"(Merkel, Rus-Mohl, Zavaritt 2007:7) aber „PR is also highly dependent on professional journalism. It only works successfully as long as journalism is working well" (Ebd.).

Die Determinationsthese und das Intereffikationsmodell behandeln diese Problemstellung. Die Determinationsthese besagt, dass PR einen einseitigen Vorteil gegenüber dem Journalismus inne hat. JournalistInnen übernehmen nach dieser These PR-Meldungen ohne daran viele Veränderungen vorzunehmen. Laut dem Intereffikationsmodell ermöglicht das PR-System und das Journalismus-System durch ihre Tätigkeit jeweils die Funktionsweise des anderen Systems, sprich das eine System braucht das andere um zu existieren. Mit diesen beiden Modellen würde ich mich im Rahmen dieser Arbeit gerne befassen um das Verhältnis von PR und Journalismus näher zu beschreiben.

Ich werde mich mit der Frage auseinandersetzen, inwieweit PR-Meldungen den Journalismus beeinflussen. Aus diesem Grund werde ich mich mit der PR-Meldung zur Entlassung Jürgen Klinsmanns als Trainer des 1. FC Bayern München beschäftigen und analysieren wie JournalistInnen einer renommierten Tageszeitung, repräsentiert durch die Berliner Zeitung und einer Boulevardzeitung, repräsentiert durch die BILD Zeitung in ihren Berichten von der PR-Meldung beeinflusst sind und inwieweit sie selbst recherchieren. Als Methode werde ich hier die Inhaltsanalyse anwenden.

Mit dieser Arbeit kann ich somit die Problemstellung des PR und des Journalismus in einem Bereich untersuchen, nämlich die Beeinflussung von PR-Meldungen auf JournalistInnen mit einem aktuellen Beispiel aus dem Sportbereich.
Zu Beginn der Arbeit werde ich eine Begriffserklärung von PR und Journalismus vornehmen um den/die LeserIn mit ausreichend Vorkenntnissen auszustatten. Im theoretischen Teil werde ich mich mit fachbezogener Literatur beschäftigen und versuchen verschiedene Theorien und Ansätze gegeneinander abzuwägen. Im empirischen Teil, gebe ich Hintergrundinformationen über die Person Jürgen Klinsmann und seine Leistungen während der WM 2006. Hierbei werde ich mich auch mit der Methode der Inhaltsanalyse befassen. Nach der Analyse im Forschungsteil werde ich daraus resultierende Hypothesen aufstellen. Zum Ende der Arbeit ziehe ich eine Schlussfolgerung

Theoretischer Teil:

Der Theoretische Teil der Proseminararbeit soll die Thematik meiner Forschungsfrage in der Literatur aufzeigen und verschiedene Theorien gegeneinander abwägen. Ich möchte auf mehrere Ansätze in Bezug auf die Stellung der Sportberichterstattung eingehen und in den Forschungsteil einführen indem ich meine zwei zu untersuchenden Zeitungen vorstelle, die Berliner Zeitung und die BILD Zeitung.

Meine zentrale Forschungsfrage, die sich durch diese Arbeit zieht befasst sich damit, wie PR-Meldungen die journalistische Arbeit der Recherche und der Ausarbeitung beeinflussen?
Für diese zentrale Forschungsfrage gibt es jedoch auch einige Subforschungsfragen, die sich speziell auf diese Arbeit beziehen. So interessiert es mich zu wissen, was JournalistInnen alles über Klinsmanns Kündigung schreiben und was sie als

Hintergrundinformationen geben. Außerdem war die Kündigung vorhersehbar durch die bis zu diesem Zeitpunkt getätigte Berichterstattung? Wird die PR-Meldung von den untersuchten Zeitungen gleich übernommen oder gibt es Unterschiede?

Zu Beginn des theoretischen Teiles möchte ich die häufig verwendeten Begriffe, welche die Grundlage für diese Arbeit bilden, näher erläutern. Es ist wichtig, sich darüber klar zu werden, was PR und Journalismus überhaupt sind. Auch wenn diese beiden Arbeitsbereiche nahe beieinander liegen sollte man sie doch deutlich trennen und differenzieren.

Klärung des Begriffes Public Relations

Eine Definition von Public Relations ist „Each public relations activity is part of the management of communication between an organization and its publics". (Grunig / Hunt 1998 : 6)

In meinem Fall kann man sagen, dass die in diesem Zitat vorgebrachte "organization" der Fußballverein Bayern München ist, der Öffentlichkeitsarbeit betreibt und sich an die "publics" wendet. In diesem Fall Journalisten, welche die Vereinsinformation für die Rezipienten darstellen.

In jeder Art und Weise, wie z.B. ein Unternehmen oder eine Person an die Öffentlichkeit geht ist mit Public Relations zu verstehen. Public Relations beziehen sich jedoch nicht nur auf Unternehmen sondern auch auf Personen die in der Öffentlichkeit stehen. Man kann sogar sagen, dass jeder Mensch unbewusst in seinem eigenen Umfeld Öffentlichkeitsarbeit betreibt.

Klärung des Begriffes Journalismus

Der Journalismus verfolgt nicht dieselben Interessen. Dem Journalismus geht es eher darum Neues aufzudecken, zu informieren, Sachverhalte zu hinterfragen und die „Wahrheit" ans Licht zu bringen. Diese Funktionen sind heutzutage jedoch oft nicht realitätsgetreu und beruhen eher auf älteren Vorstellungen.

Bentele beschreibt die Arbeit von Journalisten so:

„Journalisten in den Nachrichtenagenturen und Medien bekommen(von Organisationen) ihre Informationen, sie sammeln und recherchieren selbständig welche, verarbeiten sie, um das Leser-, Hörer und Zuschauerpublikum zu informieren. Ein wesentliches Ziel journalistischer Tätigkeit ist also die aktuelle Information des Publikums. Weitere Hauptziele des Journalismus sind Kritik an Missständen, Bildung und Unterhaltung." (Bentele 2003 :43)

Diese Ziele journalistischer Arbeit werden jedoch nicht von allen Zeitungen in derselben Weise umgesetzt, hierauf wird später im Forschungsteil noch näher eingegangen. Die Systeme Journalismus und PR sind Teil des Kommunikationssystems was laut Niklas Luhmann im Jahre 1972 zur Systemtheorie zählt. Ein System kann als eine Menge von Elementen begriffen werden zwischen denen Wechselbeziehungen stehen. Luhmanns Systemtheorie besagt, dass die Gesellschaft aus mehreren Teilsystemen besteht wie z.b. dem Wirtschaftssystem, dem politischen System oder dem Mediensystem. Diese Systeme stehen in einem Austauschverhältnis und haben die Funktion der Reduktion von Umweltkomplexität und jedes System löst spezifische Probleme für die Gesellschaft. Zwischen den einzelnen Systemen findet Kommunikation statt, so auch zwischen den Systemen PR und Journalismus, d.h. die einzelnen Systeme stehen mit der Umwelt in Kontakt und sind somit deren Einflüssen ausgesetzt(vgl. Luhmann 1970b: 116 In: Burkart 2002: 458-465).

Es ist wichtig ein Verständnis von den Systemen Journalismus und PR zu haben um die Determinationsthese sowie das Intereffikationsmodell, die sich beide in unterschiedlicher Weise mit dem Verhältnis von Journalismus und PR befassen, zu verstehen. Diese beiden Modelle sind für diese Arbeit grundlegend, da sie in differenzierter Weise die Wechselwirkung der beiden Systeme darstellen.

Die Determinationsthese

Die Determinationsthese wurde Im Jahre 1979 von der Kommunikationswissenschaftlerin Barbara Baerns entworfen. Wann geht man nun von Determination
aus? „Der überwiegende Teil der Gesamtberichterstattung muss auf
Öffentlichkeitsarbeit zurückgehen und deren Sinnvorgaben folgen, damit eine
Determination des Journalismus unterstellt werden kann" (Neverla, Elke/Pater 2002:
260ff). Laut Bearns kommt dem Journalismus umso weniger Einfluss zu, desto mehr
Einfluss Öffentlichkeitsarbeit ausübt und umgekehrt(vgl. Bearns 1991: 17).

Sie führte eine Fallstudie zur Öffentlichkeitsarbeit an einem international bekannten
deutschen Unternehmen durch. Dabei beobachtete sie alle Pressemitteilungen aus
dem Jahr 1974 in der „Westdeutschen Allgemeinen Zeitung" sowie der „Neuen Ruhr
Zeitung". Sie fand heraus, dass 42% aller Zeitungsbeiträge durchweg auf PR-
Meldungen des Konzerns beruhten, die entweder wörtlich oder gekürzt übernommen
wurden. Weitere 38% waren vom Thema her ebenfalls auf PR-Meldungen
zurückzuführen(vgl. Burkart 2002: 293).
Baerns fiel in ihrer Studie ebenfalls auf, dass Nachrichtenagenturen 74%, der
Hörfunk 63%, das Fernsehen 76% und die Tagespresse 65% der eingegangenen
Pressemeldungen noch am selben Tag verarbeiten, also für die nächste Ausgabe
nutzen. Hier bleibt nicht viel Zeit selbst über die eingegangenen Meldungen zu
recherchieren und diese zu überprüfen (vgl. Burkart 2002: 295).

Ein Definitionsversuch von Raupp besagt, „die unter dem Begriff der
Determinationsforschung subsumierten Untersuchungen haben Prozesse der
Entstehung von Medieninhalten zum Gegenstand. Dabei fokussieren sie auf die
Rolle, die die Öffentlichkeitsarbeit als Quelle von Nachrichten spielt."(Raupp 2004:
192). So zielt die Determinationsthese auf einen einseitigen Vorteil der PR
gegenüber dem Journalismus ab. Für die Determinationsthese spricht, dass

JournalistInnen manche PR-Mitteilungen einfach übernehmen und nicht genügend umformulieren.

Ein weiteres Beispiel für die Einflussnahme einer Organisation auf die journalistische Berichterstattung ist eine Untersuchung über die Umweltschutzorganisation „Greenpeace". Über einen Zeitraum von zwei Monaten wurden alle Presseaussendungen der Hamburger „Greenpeace" Pressestelle in den bundesdeutschen Printmedien verfolgt. Das Ergebnis untermauert den Einfluss von PR, so sind 84% aller rund 900 Artikel, die in dieser Zeit über „Greenpeace" erschienen auf medienwirksame inszenierte Aktionen, wie Pressekonferenzen und Pressemitteilungen von „Greenpeace" zurückzuführen. In Umfragen kam heraus, dass „Greenpeace" für JournalistInnen sogar zu einem Art Dienstleistungs-unternehmen fungiert, das auch für Recherchearbeiten verwendet wird. So kann man sagen, dass PR-Leute eine Art „PrimärkommunikatorInnen" sind, die Informationen an die JournalistInnen weitergeben. Dies ist eine Gefahr für den Journalismus, da ihre Unabhängigkeit durch die nicht „frei" verfügbaren Informationsquellen in Frage gestellt wird (vgl. Burkart 2002: 295).

An der Determinationsthese wird jedoch auch Kritik geübt. Denn die Ergebnisse von Baerns These „beweisen noch nicht, dass Medieninhalte ‚fremdbestimmt' sind bzw. dass Öffentlichkeitsarbeit die Leistungen tagesaktueller Medien determinieren, wie Baerns es in einer ihrer Hypothesen formulierte. Sie belegen lediglich eins: PR Meldungen sind eine wichtige Informationsquelle für Journalisten"(Fröhlich, 1992: 40)

Auch muss man anmerken, dass es Befunde gibt, die zeigen, dass der Einfluss von Öffentlichkeitsarbeit auf Medieninhalte deutlich geringer bei PR-Aktionen in Konflikt- und Krisensituationen ist. So wäre z.B. ein großer Unfall in einem Unternehmen eine solche Krisensituation. Hier besteht die Gefahr der einseitigen Verfälschung der Informationen durch das Unternehmen. Es wurde beobachtet, dass JournalistInnen dann besonders aktiv recherchieren und häufiger solche Themen behandeln, die nicht direkt in der Pressekonferenz vorkamen (vgl. Barth/Donsbach 1992:151-165 zlt. n. Burkart 2002: 297).

Beim österreichischen „Kurier" kann man davon ausgehen, dass von den JournalistInnen mehr Eigenrecherche betrieben wird. Befunde zeigen, dass unter „normalen" Umständen mit mehr Eigenrecherche gerechnet werden kann als man bisher im Sinne der Determinationsthese angenommen hat. In einem Zeitraum von 14 Tagen wurden alle PR-Mitteilungen beobachtet, die der innenpolitischen Redaktion der Tageszeitung „Kurier" gesendet wurden. Das Ergebnis zeigt, dass 33,7% der publizierten Artikel auf PR-Aktivitäten zurückgeht, 66,3% jedoch nicht. Hiervon beruhen 41% sogar auf völliger Eigenrecherche (Vgl. Saffarnia 1993: 417 zit. n. Burkart 2002, S.297f).

Das von Baerns entworfene Modell gilt heute als veraltet, denn es zeigt die Beziehung von PR und Journalismus nur von einer Seite. Es wird nur gesehen, dass die PR den Journalismus beeinflussen ohne auf eine Wechselwirkung der beiden Disziplinen PR und Journalismus einzugehen.

Das Intereffikationsmodell

Hier setzt nun das Intereffikationsmodell an, das die Wechselwirkung miteinbezieht.

„Journalismus wäre heute ohne PR nicht überlebensfähig, andererseits wäre PR ohne Journalismus nicht nur um den kritischen Gegenpart ärmer, sondern auch großer Verbreitungsmöglichkeiten beraubt."(Bentele 2003: 50)

Diese Position aus Bentele zeigt, dass Journalismus nicht ohne PR und PR nicht ohne Journalismus kann, es besteht eine Abhängigkeit. Die Leistungen von PR und Journalismus sind sozusagen nur möglich, weil das jeweils andere System(PR bzw. Journalismus) existiert und auch funktioniert. Die Kommunikationsleistungen jeder Seite sind nur dadurch möglich, dass die Leistungen der anderen Seite vorhanden sind. Dadurch ergibt sich eine Feststellung, dass jede Seite so die Leistung der Anderen ermöglicht. Dies führt zu dem Begriff Intereffikation (vgl. Bentele, Fröhlich,

Szyszka 2005: 210f). Im Intereffikationsmodell kann man zwischen Induktionen und Adaptionen unterscheiden.

Induktionen sind gerichtete Kommunikationsanregungen oder Impulse, die zu Kommunikationseinflüssen werden und deren Wirkung man auf der gegenüberliegenden Seite beobachten kann(vgl. ebd.).

Adaptionen hingegen kann man als kommunikatives Anpassungshandeln definieren, das sich bewusst an verschiedenen sozialen Begebenheiten der jeweils anderen Seite orientiert, häufig um den Kommunikationserfolg der eigenen Seite zu erhöhen (Vgl. Bentele/Fröhlich /Szyszka 2005: 211f). So sind gegenseitige Adaptionen die Voraussetzung für eine gelingende Interaktion. Man findet auf beiden Seiten, also auf Seiten der PR und des Journalismus, Induktionsprozesse sowie Adaptionsprozesse die gleichzeitig ablaufen. So stehen die beiden Systeme tatsächlich in einer Intereffikationsbeziehung, da sie gegenseitig aufeinander angewiesen sind und ihre Ziele jeweils nur mit Hilfe des Anderen erreichen können.

Das Intereffikationsmodell lässt sich in drei verschiedene Dimensionen unterscheiden, die Sachdimension, die zeitliche Dimension sowie die sozial-psychische Dimension.

Die Sachdimension beschäftigt sich mit den präsentierten Themen und deren Selektion. Durch die bisherigen Forschungsergebnisse der Determinationsthese kann festgestellt werden, dass ein starker und großer thematischer Einfluss von der PR-Seite auf die journalistische Berichterstattung besteht. Doch wie stark dieser thematische Einfluss der PR ausgeübt wird, lässt sich nicht verallgemeinern und ist von Medium zu Medium, von Ressort zu Ressort und natürlich auch von der Situation abhängig. Für den Journalismus sind spezielle Nachrichtenfaktoren wichtig, damit ein Thema, eine Nachricht für den Journalismus interessant wird. Hier müssen sich PR Texte, die ihre eigene Präsentationsform haben in gewisser Weise anpassen. Eine Adaption erfolgt. (Vgl. Bentele/Fröhlich /Szyszka 2005: 213ff).

Die zeitliche Dimension besagt für die PR, dass sie die Möglichkeit hat den Aktualitätszeitpunkt zu definieren. Dies ist ein gutes Beispiel um die wechselseitige Wirkung der beiden Systeme darzustellen. Der Journalismus muss sich dem Publikationszeitpunkt der PR fügen. Daran sieht man, dass die PR eine gewisse

Macht hat zu bestimmen wann eine Nachricht aktuell (Aktualitätszeitpunkt) ist. Es besteht jedoch auch eine Anpassungsfunktion der PR in Bezug auf den Journalismus. Dieser besteht in der Periodizität der Medien. Hat die PR die Absicht eine Nachricht von einem bestimmten Medium (Ressortmedium) publizieren zu lassen, so muss sie sich an die Periodizität, das zeitlich wiederkehrende Erscheinen des Mediums halten. So stellt die Aktualität journalistischer Nachrichten eine Induktions –und Adaptionsleistung für das PR-System dar.

In der psychisch-sozialen Dimension sind die persönlichen und sozialen Beziehungen zwischen PR Leuten und Journalisten von Bedeutung. (ebd.)

Als Kritik am Intereffiaktionsmodell kann man die mangelnde empirische Überprüfbarkeit anmerken.

So kann man abschließend sagen, dass die Einflüsse der Öffentlichkeitsarbeit auf den Journalismus, wie in der Determinationsthese beschrieben, zu den Induktionen gezählt werden. Das Neue am Intereffikationsmodell sind nun die einbezogenen Adaptionsprozesse.

Der Stellenwert des Sports in den Medien

In meiner Proseminararbeit möchte ich mich mit dem Ressort Sport beschäftigen, das für den Journalismus, auch durch die PR, ein sehr wichtiger Bereich ist. Der Sport zählt zu den beliebtesten Medienthemen. Eine Tageszeitung ohne Sportteil ist heute kaum noch vorstellbar. Der Spitzensport ist in der Gesellschaft sehr präsent, da es viele Merkmale gibt, die den Spitzensport prägen, wie z.B. weltweite Live Übertragungen von sportlichen Großveranstaltungen oder Millioneneinahmen von Sportvereinen und Verbänden durch die Vergabe und den Verkauf von Fernseherübertragungsrechten (vgl. Beck 2006: 2).

Der Sportteil in Zeitungsredaktionen ist heute fester Bestandteil, der nicht wegzudenken ist. Harald Binnewies, ein deutscher Kommunikationswissenschaftler formulierte dies so:

„Der Sportteil ist heute fester redaktioneller Bestandteil einer Zeitung, auf den sie nicht verzichten kann, will sie nicht das Risiko erheblicher finanzieller Einbußen in Kauf nehmen." (Binnewies, 1978: 39)

Das wohl in den letzten Jahren in Deutschland größte Sportereignis, das von den Medien in einzigartiger Weise inszeniert wurde war die Fußball Weltmeisterschaft 2006 unter dem Titel „Zu Gast bei Freunden". Der *Spiegel* titelte „Deutschland im kollektiven Rausch" und „Deutschland ein Sommermärchen". Die PR-Abteilungen der Nationalmannschaften aus der ganzen Welt speisten die wartenden Journalisten mit begehrten Neuigkeiten über die jeweiligen Mannschaften. Im Sinne der Sachdimension des Intereffikationsmodells bedienen die PR-Mitteilungen die journalistischen Nachrichtenfaktoren in einem großen Maß, was sie für die JournalistInnen zu stark begehrten Informationen macht.

Regeln der Themenauswahl der Sportberichterstattung:

1. Nähe, je vertrauter die sportliche Veranstaltung ist, umso höher ist die Aufmerksamkeit der Medien
2. Rekorde, Siege und Elite- Sportler, die außerordentliche Leistungen bringen, sind für Medien um einiges interessanter als Durchschnittssportler
3. Konflikte, Gewalt und Aktion, bedrohliche Zustände erhalten mehr Beachtung als das „sportliche Tagesgeschäft"
4. Personalisierung, Sportberichterstattung über Personen ist leichter darzustellen, als über Strukturen, deswegen bezieht sich die Sportberichterstattung meistens auch über den Sportler und nicht über den Sport.
5. Human Interest, das Privatleben der Sportler erzeugt einen hohen Nachrichtenwert (vgl. Becker 1983a:33f)

An diesen Selektionskriterien kann man sehen, warum das Thema Fußball Weltmeisterschaft und die Person Jürgen Klinsmann in der Medienberichterstattung ein so hoher Stellenwert zugemessen wurde. Durch die WM im eigenen Land ist auf alle Fälle von Nähe zu sprechen. Die Mannschaft und ihr Trainer überzeugen mit guter Leistung, was sie für die Medien umso attraktiver macht. Die Personalisierung finden wir in der Berichterstattung über den Trainer Klinsmann oder einzelne Spieler wieder. Das Großereignis Fußball Weltmeisterschaft besetzt in der Sportbericht-erstattung eine Ausnahmestellung. Eine spezielle Relevanz erhält das Turnier, da es

---

nur alle 4 Jahre statt findet. Der Wettbewerb und das K.O. System nach der Vorrunde entwickeln ein großes Spannungspotential, was für die Berichterstattung von großer Bedeutung ist. Die Fußball Weltmeisterschaft erhält in der Sportberichterstattung einen Sonderstatus.

Kommunikationstheorien:

Kommunikationstheorien beschreiben den Prozess von PR über den Journalismus hin zum Rezipienten.

Die Agenda – Setting Theorie belegt, dass die Einstellung des Publikums nur bedingt beeinflusst werden kann. Den Medien gelingt es jedoch zu vermitteln worüber die Leute zu denken haben. So werden Rezipienten aufmerksamer auf Themen umso mehr sie in den Medien erscheinen. In Bezug auf meine Forschungsfrage ist es interessant zu wissen, inwiefern eine PR-Meldung durch die JournalistInnen umgesetzt wird, also welche Bedeutung JournalistInnen dieser durch ihre Berichterstattung zumessen. Dies hat dann laut der Agenda – Setting Theorie eine Auswirkung auf das Publikum (vgl. Beck 2006: 90).

Zu den Kommunikationstheorien zählen auch die Nachrichtenfaktoren wie Einfachheit, Identifikation und Sensationalismus nach Schulz. Nur wenn eine Neuigkeit, eine Meldung diese Nachrichtenfaktoren enthält wird sie interessant für JournalistInnen darüber zu schreiben. Schulz hat ein Modell von 18 Nachrichtenfaktoren entwickelt, doch die genannten drei sind die Grundlegenden (vgl. Schulz 1990: 29f). Nur wenn eine PR-Meldung eines oder mehrere der gewünschten Selektionskriterien enthält, wird sie für JournalistInnen interessant.

Ein weiterer nicht zu vernachlässigender Ansatz ist die Gatekeeper-Forschung. JournalistInnen bestimmen was an die Rezipienten gelangt. Hierbei ist ein sehr wichtiges Kriterium die sogenannte „redaktionelle Linie", die sich von Printmedium zu Printmedium unterscheidet. Die Selektion aus den Sportereignissen richtet sich nach den Interessen der Redakteure. Sie entscheiden, ob es eine PR-Meldung wert ist sie zu veröffentlichen oder nicht. Außerdem interpretieren sie den Inhalt der Meldung und übernehmen ihn nicht so wie sie die Meldung erhalten haben. Eine subjektive

Interpretation des Ereignisses findet statt (Vgl. Schulz 1990: 11). Hier ist auch die Blattlinie von Bedeutung, ist die Zeitung eher im Boulevard angesiedelt oder als qualitatives Medium bekannt. Es ist von Bedeutung, ob das Zielpublikum eher auf leichten und unterhaltenden Boulevard ausgerichtet ist, der Einfachheit und Sensationen beinhaltet oder ob das Zielpublikum Intelektuelle sind, die eine sachliche Berichterstattung erwarten.

Sportberichterstattung in der Qualitäts- und Boulevardzeitung

In meiner Forschungsarbeit möchte ich mich mit der unterschiedlichen Verarbeitung/Berichterstattung einer PR-Meldung in einer Qualitätszeitung, wie der Berliner Zeitung und einer Boulevard Zeitung wie der BILD Zeitung befassen. Auch wenn sich bestimmte Merkmale nicht auf alle Boulevard bzw. Qualitätszeitungen anwenden lässt, so gibt es doch einige spezifische Merkmale des jeweiligen Zeitungstyps. In der Sportberichterstattung der Qualitätszeitung wird versucht den Sport in seiner Gesamtheit zu erfassen. Das Interesse der Leser ist von großer Bedeutung. Es besteht ein großes Interesse an Stars und Rekorden, der nationale Bezug ist sehr wichtig. Man kann auch davon ausgehen, dass in Qualitätszeitungen die Hintergrundberichterstattung häufiger vorkommt als in Boulevardzeitungen. Es wird eine Mischform zwischen Hintergrundarbeit und Reportage gewählt. Außerdem wird versucht eine abwechslungsreiche und klare Sprache zu verwenden (Vgl. Frey, 2004: 123ff).

Bei der Sportberichterstattung einer Boulevardzeitung ist der Unterhaltungswert einer Nachricht sehr wichtig. Man kann sagen, dass der Anteil an Klatsch und Tratsch in Boulevardzeitungen höher ist als in Qualitätszeitungen. Das Ziel besteht eher darin sensationelle Nachrichten zu veröffentlichen, denn eine Boulevardzeitung verkauft sich dadurch. In der Sportberichterstattung können möglichst originelle Erklärungsansätze für Sieg oder Niederlage erwartet werden. Es geht um eine möglichst einfallsreiche Aufbereitung des Themas. Sprachneuschöpfungen spielen hierbei durchaus eine Rolle.

Untersuchungszeitungen

BILD Zeitung

Als Beispiel für eine Boulevardzeitung habe ich die deutsche „BILD" gewählt. Sie wird seit 1952 vom „Axel-Springer-Verlag" veröffentlicht. Die BILD ist die auflagenstärkste Zeitung Deutschland bzw. Europas. Täglich werden mehr als 3,3 Millionen Exemplare verkauft (Vgl. http://www.voez.at/b278 [11.07.09]) Die „BILD" Zeitung verkörpert leichte Unterhaltung, Klatsch- und Skandalberichte. Sachverhalte werden häufig vereinfacht und die wenig objektive Berichterstattung sind Gründe, dass die BILD häufig Kritik ausgesetzt ist (Vgl. http://www.spiegel.de/kultur/gesellschaft/0,1518,482018,00.html [11.07.09]).

Berliner Zeitung

Als Qualitätszeitung habe ich die Berliner Zeitung gewählt. Sie wurde zum ersten Mal am 21. Mai, zwei Wochen nach Kriegsende herausgebracht. Seitdem ist sie in Berlin nicht mehr wegzudenken (Vgl. http://www.berlinonline.de/berliner-zeitung/informationen/uebersicht/ [11.07.09]).

Empirischer Teil: Die Weltmeisterschaft 2006 und die Person Jürgen Klinsmann

Die 18. FIFA Fußball – Weltmeisterschaft in Deutschland lief unter dem Motto „Die Welt zu Gast bei Freunden".

Die Weltmeisterschaft in Deutschland war ein Großereignis, die ganze Nation schaut auf eine Mannschaft und einen Mann, ihren Trainer Jürgen Klinsmann. Die Medien unterstützen den Hype durch ihre Berichterstattung und verbreiten somit im ganzen Land eine Art „Ausnahmezustand". „Bundestrainer Jürgen Klinsmann predigt Leidenschaft und Geschlossenheit (…) Fitness und Teamgeist sind die Werte die seine 23 Jünger hören, nachbeten, leben" („Spiegel" Brinkbäumer 22/2006: 64). Durch Schlagzeilen wie „Wunderheiler und Wir-Gefühl" oder „Der Jürgen-Klinsmann-Weg geht weiter" wird in der Bevölkerung eine bisher einzigartige Stimmung verbreitet sowie ein nationales Einigkeitsgefühl heraufbeschworen, mit dem die Deutschen bis zu dieser WM Schwierigkeiten hatten. Die deutsche Nationalmannschaft hat dazu beigetragen, dass eine bis dahin unbekannte Euphorie und Begeisterung in Deutschland entfacht wurde und auch die Nationalspieler entpuppten sich als „Klinsmänner", d.h. sie haben sich wie ihr Trainer als junge, dynamische, positive und offensive Erfolgstypen präsentiert. (Vgl.http://diepresse.com/home/meinung/meinungarchiv/106033/index.do?from=such e.intern.portal [12.07.09]) Die Weltmeisterschaft ist nicht nur ein Sportereignis, nein sie ist auch ein gesellschaftliches Großereignis. „Wie in einem anderen Land: Hunderttausende in den Stadien, Millionen vor den Fernsehern und auf den Straßen feiern den Fußball und sich selbst – mit mediterranem Frohsinn und unverklemmtem, weltoffenem Patriotismus"(„Spiegel" 25/2006: 68). Jürgen Klinsmann bewegt mit seinem Team und ihren Siegen die Gesellschaft und die Medien tragen einen entscheidenden Teil dazu bei. Die Pressekonferenzen des DFB(Deutscher Fußball Bund) finden in Berlin statt und

„Hier spricht Jürgen Klinsmann zu den Journalisten. Hier werden die Sätze gesagt, die Deutschland elektrisieren. Und von hier wird auch der Patriotismus befeuert. Am Mittwoch vor dem Spiel gegen Polen sagte Klinsmann im Medienzentrum: 'Es ist schön zu sehen, dass man einen gemeinsamen Traum hat'."(ebd.) .

Die Stimmung im Land wirkt sich auf jegliche Bereiche aus, so wird oft die Frage aufgeworfen ob diese Entwicklung nachhaltig auch die Politik, ja die Gesellschaft verändern könnte. All dies ist jedoch abhängig von der deutschen Nationalmannschaft denn „solange die Mannschaft Erfolg hat, eint sie auch das Land"(ebd.).
Die im Juli 2006 reformmüde deutsche Politik kann sich von der Fußballstimmung im Land anstecken lassen, so heißt es im „Spiegel".

„Sind Reformen doch möglich in diesem Land? Denn genau dies hat Jürgen Klinsmann gewollt: ein spielendes Deutschland, kein mauerndes.

Ein Deutschland, das nicht gelähmt ist von Angst vor dem Scheitern, ein Deutschland, das voller Hoffnung und mit einer Idee antritt. Ein begeistertes Deutschland auf dem Platz, ein begeistertes auf den Rängen. 'Die Stimmung in Deutschland ist gigantisch, in allen Städten ist eine einzige Party', das sagte Klinsmann nach dem 1:0 gegen Polen, nach seinen Hüpfern vor der Trainerbank, dem Schlusspfiff, 'diesen Momenten, die man nicht vergessen wird' Die Mannschaft ist jetzt das Zentrum, von der die gute Stimmung abstrahlt ins Land."(ebd.) und „dieser Klinsmann Optimismus hat inzwischen das ganze Land angesteckt"(„Spiegel" 27/2006: 140).

Es gibt in Deutschland empirische Untersuchungen, die zumindest kurzfristige Erfolge bzw. Misserfolge des Fußballnationalteams bei Weltmeisterschaften auf die jeweilige Regierung ebenso feststellen konnten, wie den Einfluss von Fußballinteresse auf politische Einstellungen Eine Studie am Institut für Politikwissenschaften an der Universität Marburg beschäftigte sich 2003 mit den Vor- und Nachteilen einer Fußballweltmeisterschaft in Deutschland. Innenpolitisch kamen sie zu dem Ergebnis, dass ein gutes Abschneiden der Nationalmannschaft sich positiv auf die Regierung auswirken würde. Die Bevölkerung wäre in einer positiven Stimmung und aus dem gesteigerten Nationalstolz würde ein Vertrauen in die Regierung resultieren, was sich positiv auf die Bundestagswahlen auswirken würde. Bundeskanzlerin Angela Merkel konnte den Erfolg des deutschen Teams und die positive Stimmung während der Weltmeisterschaft auskosten. Als negativen Aspekt kann man anmerken, dass von anderen innenpolitischen Themen abgelenkt wird(Vgl.Schwier/Leggewie 2006a: 10ff).
Als sich die WM dem Ende zuneigt und die deutsche Nationalelf, der landesweite Stimmungsmacher, das Halbfinale gegen Italien verliert titelt der Spiegel „Ein Ende, ein Anfang". Nach dem Ende der WM trat auch Jürgen Klinsmann vom Posten des deutschen Fußball Nationaltrainers zurück. Dem DFB-Chef Theo Zwanziger war dies schon lange klar. „Dass die Ära Jürgens Klinsmann vorbei sei, war ihm seit dem Schlusspfiff der verlorenen Halbfinalpartie gegen Italien klar: Klinsmann sei nun mal ‚ein Projektarbeiter', und das Projekt war beendet" („Spiegel" 29/2006: 112).

Im Februar 2007 erhält Jürgen Klinsmann für seine Leistungen das Bundesverdienstkreuz verliehen (Vgl. www.stern.de/sport-motor/wm2006/news/:Ehrung-Klinsmann-Bundesverdienstkreuz/565382.html [12.07.09])

Zwei Jahre später, zum 1. Juli 2008 übernimmt Klinsmann den Posten des Trainers beim 1. FC Bayern München, dem deutschen Rekordmeister. „Glückwunsch an Bayern München. Das ist eine erstklassige Lösung. Jürgen Klinsmann ist ein hervorragender Trainer, ein großer Motivator, der eine gute WM mit der Nationalmannschaft gespielt hat" so die Aussage des damaligen Trainers Ottmar Hitzfeld. Der FC Bayern steht als erfolgreichster deutscher Verein ständig unter Erfolgsdruck und eine Saison ohne den Gewinn der deutschen Meisterschaft ist eine verlorene Saison für den FC Bayern. Doch schon kurze Zeit später heißt es am 27. April 2009 nach drei verlorenen Spielen „Das ist der Bayern-Hammer! Jürgen Klinsmann(44) ist gefeuert!"(„Bild" 27.04.09).

Wie die Entlassung des ehemaligen Bundestrainers Jürgen Klinsmann bei Bayern München in der Presse aufgenommen wurde, werde ich im nachfolgenden Forschungsteil mit einer Inhaltsanalyse versuchen zu analysieren. Hierzu werde ich die Pressemitteilung des FC Bayern München mit Zeitungsartikeln einer „qualitativen"(Berliner Zeitung) und einer eher boulevardorientierteren Zeitung (BILD Zeitung) vergleichen. Dieser Vergleich lässt interessante Schlüsse über die unterschiedliche Berichterstattung, von Medien mit differenzierten Zielgruppen als Publikum, erwarten.

Methode:

Als Methode habe ich die qualitative Inhaltsanalyse gewählt. Mit der Inhaltsanalyse kann man eine große Datenmenge untersuchen. Auch bei der Inhaltsanalyse gibt es nicht einen richtigen Sinn, also einen objektiven Textinhalt, sondern es gibt mehrere Intorprotationowoioon. Eo wird ein Kategorienschema gebildet und nach der Häufigkeit der ausgewählten Kategorien in den zu analysierenden Texten gesucht. Hierbei ist auch zu beachten, wie die Kategorie in dem zu analysierenden Text jeweils dargestellt wird.

Von Peter Atteslander einem schweizer Soziologen, der in der Bundesrepublik Deutschland arbeitet, wird die Inhaltsanalyse folgendermaßen dargestellt:

> „Der Begriff Inhaltsanalyse ist die Übersetzung des englischen ‚content analysis'. Mittels Inhaltsanalyse lassen sich Kommunikationsinhalte wie Texte, Bilder und Filme untersuchen, wobei der Schwerpunkt auf der Analyse von Texten liegt."
> (Atteslander 2003: 215)

Das zu untersuchende Material habe ich am Erscheinungsdatum festgelegt. So habe ich je zwei Artikel aus der BILD sowie aus der Berliner Zeitung genommen, die vor der Kündigung Klinsmanns, die zur Kündigung und die nach der Kündigung heraus kamen.

Kategorienschema:

1. Interviews: Das Interview als Kategorienschema habe ich gewählt, da es interessant ist zu wissen, ob die jeweiligen Journalisten auch selbst nachrecherchieren und sich gegebenenfalls durch Interviews qualitative Hintergrundinformationen beschaffen.

2. Hintergrundinformationen: Hiermit soll herausgefunden werden inwieweit Journalisten Hintergrundinformationen zur Kündigung Jürgen Klinsmanns beim FC Bayern recherchieren.

3. Nationaler Held: Unter der Kategorie nationaler Held soll analysiert werden, inwieweit Klinsmann in Verbindung zur WM 2006 als nationaler Held in Verbindung gebracht wird.

4. Dramatisierung: Die Kategorie Dramatisierung soll zeigen, wie Journalisten eine sachliche Meldung durch ihre Berichterstattung dramatisieren.

5. Gründe: Hierbei geht es darum, ob Journalisten mutmaßliche Gründe für die Entlassung Klinsmanns suchen.

6. Vergleich: Werden bei der Berichterstattung Vergleiche zu anderen/früheren Trainern des FC Bayern München gezogen?

7. Titel: Ist der Titel des Artikel eher sachlich oder wird schon durch den Titel versucht das Thema zu dramatisieren.

8. Urteile: Nehmen sich die Journalisten raus über die Kündigung Klinsmanns zu urteilen?

9. Privatleben: Hier ist die Frage ob Journalisten, dass Privatleben Klinsmanns in die geschäftliche Angelegenheit miteinbeziehen.

10. Blick in die Zukunft: Zeigen die Journalisten auf, wie es nun weitergehen soll nach der Klinsmann Ära bei Bayern und stellen sie die möglichen Optionen dar?

11. Aufmachung: Es geht darum wie der Artikel aufgemacht ist, überwiegt der Text oder ist der Artikel mit vielen Bildern gespickt?

Forschungsteil:

Für den Forschungsteil grundlegend ist die Presseaußendung der FC Bayern AG am 27. April 2009. In dieser heißt es ganz sachlich, dass sich der FC Bayern heute am 27. April von seinem Trainer Jürgen Klinsmann trennt. Es wird darauf hingewiesen, dass dies zwei Tage nach dem enttäuschenden 0:1 gegen Schalke 04 und dem 3. Tabellenplatz fünf Spieltage vor Saisonende geschah. Für Karl-Heinz Rummenigge, den Vorstandsvorsitzenden der AG, war es nicht einfach diese Entscheidung zu treffen. Die Spielergebnisse der letzten Wochen und die Tabellenplatzierung hat die Bayernchefs jedoch zu dieser Entscheidung bewogen. Jupp Heynckes, der bereits von 1987 bis 1991 Trainer des FC Bayern München war, wird mit seinem Assistenztrainer Herman Gerland bis zum Saisonende den Trainerposten übernehmen (Vgl. Presseerklärung des FC Bayern 27.04.09 http://www.fcbayern.t-home.de/media/native/pressemitteilungen/presse-erklaerung_270409.pdf oder im Anhang).

Vorberichterstattung:

Die Berichterstattung meiner zwei ausgewählten Zeitungen der „Berliner Zeitung" und der „BILD" Zeitung beginnen bereits vor dem tatsächlichen Rauswurf Klinsmanns. Schon bereits am 11. April titelt die BILD „Klinsi vor dem Ende". Der Artikel ist zu finden unter

http://www.bild.de/BILD/sport/fussball/bundesliga/vereine/bayern/2009/04/11/juergen-klinsi-klinsmann/das-ende-rauswurf-schon-beschlossen.html

Aus Platzgründen werde ich im folgenden Forschungsteil in der Quellenangabe hinter den jeweiligen Absätzen, die Internetadresse nicht angeben. Sie ist jedoch zu Beginn jeder Berichterstattung ersichtlich. Schon 16 Tage vor der Kündigung Klinsmanns ist sich die BILD Zeitung über diese Entscheidung sehr sicher, als sie in der ersten Zeile schreiben „Der Rauswurf von Jürgen Klinsmann bis zum Saison-Ende ist beschlossen"(BILD 11.04.09 „Klinsi vor dem Ende"). Hier nimmt sich die Zeitung heraus ein Urteil zu fällen und nicht nur zu spekulieren, denn es heißt der Rauswurf sei beschlossene Sache. Diese Prophezeiung ist, wie man heute weiß, nicht eingetroffen denn Jürgen Klinsmann musste schon am 27. April den Trainerposten abgeben und nicht erst zum Saisonende wie es in der BILD Zeitung hieß. Die Zeitung ist sich sicher, dass das heutige Spiel gegen Eintracht Frankfurt über die Zukunft Klinsmanns entscheiden kann. Es ist hierbei sehr auffallend, dass sich die BILD viele Urteile erlaubt, über die sie eigentlich noch gar keine Aussage treffen könnte. Es wird nicht nur spekuliert sondern es werden Feststellungen gemacht. Auffallend ist auch, dass die Abkürzung „Klinsi"(ebd.:10) verwendet wird. Dies ist eine Verniedlichung von Klinsmann und in einer Boulevardzeitung häufig anzutreffen. Es wird angenommen, dass die vorige 0:4 Niederlage im Champions League Spiel gegen den FC Barcelona den Ruf Jürgen Klinsmanns ramponiert hat und die Diskussionen um den Trainer entfacht hat. Dies wird durch die Boulevardzeitung mit der Metapher „die Nacht der Schande"(ebd.:14f) dramatisiert. Es wird Karl-Heinz Rummenigge, der Vorstand des FC Bayern, zitiert. Er hat in der „Nacht der Schande" gesagt „ Ich weiß nicht, was ich mehr bin – schockiert, traurig oder wütend. Es war eine indiskutable Leistung und eine Lektion, die weh getan hat"(ebd.:23f). Diese Aussage belegt die Spekulation der BILD, dass an diesem Abend die Gespräche über den Trainerposten begonnen haben sollen. Schon in der nächsten Zeile folgt „Vor diesen Bayern hat keiner mehr Respekt" (ebd.:26). Dies ist ein klares Werturteil, es wird sich herausgenommen zu urteilen und zu behaupten, dass vor dem jetzigen Bayern Team niemand mehr Respekt hat. Dies ist ein Urteil, dass man so nicht sagen kann, da es auf keinerlei Gründen beruht. Auch die 0:4 Niederlage gegen Barcelona rechtfertigt nicht zu einer solchen Entscheidung. Eine Personalisierung und somit einen direkten Angriff auf die Person Jürgen Klinsmanns kann man schon zwei Zeilen weiter lesen „ER hat es wieder nicht geschafft, die Elf vernünftig auf- und einzustellen"(ebd.:28). Dies ist als Angriff auf seine Person zu sehen. Es heißt er(Klinsmann) habe es nicht geschafft. Dies ist eine Feststellung und es wird nach keinen Gründen gesucht, stattdessen wird die eine Person direkt für die Niederlage verantwortlich gemacht. Immer wieder im Artikel erscheinen die Worte „Klinsi vor dem Ende!" (ebd. :1,30,48). Dies führt dem/der LeserIn immer wieder vor Augen, dass die Person Jürgen Klinsmann als Trainer vor dem Ende steht. Eine Feststellung, die sogar durch ein Ausrufezeichen verstärkt wird. Diese Feststellung kann bisher jedoch nicht gemacht werden. Da Jürgen Klinsmann am 11. April noch Trainer ist und vom Vorstand bisher noch keine gegenteilige Äußerung gekommen ist.

Nun kommt Klinsmann persönlich mit einem Zitat ins Spiel, er stellt sich der Frage ob er die Mannschaft noch erreicht worauf die Antwort „Natürlich erreiche ich die Mannschaft. Natürlich bin ich der Aufgabe gewachsen. Ich stehe meinen Mann, wir kämpfen zusammen" (ebd.:37f). Dieses Zitat Klinsmanns widerlegt die Spekulationen der BILD, wird weiter im Artikel jedoch nicht weiter kommentiert. Es wird einfach so stehen gelassen. Stattdessen wird weiter die Angst gehegt, dass diese Saison sogar die Champions League Teilnahme verspielen könnten, was laut BILD wohl auch den Abgang des französischen Starspielers Franck Ribéry bedeuten würde, der dann „zu einem echten Top-Team"(ebd.:45) wechseln wolle. Das „echt" kann man als Übertreibung und auch Ironie sehen. BILD stellt dem FC Bayern somit als kein „echter" Top Klub dar. Die Boulevardzeitung belächelt mit dieser Aussage den deutschen Rekordmeister in einer gewissen Art und Weise.

Zum Schluss heißt es noch, dass Klinsmann heute vor dem Frankfurt Spiel vier Stunden früher als sonst trainieren hat lassen. „Vier Stunden, die eine ganze Saison retten sollen. Und seinen Job…" (ebd.:51f). Hier kann man sehen, dass die Situation durch die Boulevardzeitung BILD nicht sachlich dargestellt wird, sondern ein gewisser Sarkasmus sowie eine gewisse Ironie von großer Bedeutung sind.

Aus der Berliner Zeitung habe ich einen Artikel der Vorberichterstattung entnommen, der am 25. April also zwei Tage vor der endgültigen Entlassung Klinsmanns erschien. „Und sagen: nichts" (Berliner Zeitung 25.04.09 Michael Neudecker „Und sagen: nichts":1), so lautet der Titel. Der Artikel ist zu finden unter

Ein auf den ersten Blick nichts sagender Titel, für diejenigen, die den Sachverhalt
nicht kennen. Im Vergleich zu der Vorberichterstattung in der BILD „Klinsi vor dem
Ende!" wird hier Klinsmann nicht persönlich genannt. Der Titel geht um Uli Hoeneß
den Manager und Karl-Heinz Rummenigge den Vorstand, beide schweigen und
geben keine Interviews. „Der Vorstand des FC Bayern München fällt vor der immens
wichtigen Partie gegen Schalke 04 durch Unauffälligkeit auf"(ebd.:2f). Auch bei der
Berliner Zeitung beginnt es mit den nun seit dem Spiel gegen Frankfurt veränderten
Trainingszeiten des FC Bayern (FCB). Klinsmann lässt nun immer 4 Stunden früher
trainieren als sonst. Hier findet eine Feststellung von Tatsachen statt und keine
Spekulation, dass dies ein Hinweis auf eine etwaige Unsicherheit oder Angst des
Trainers sein soll. An der Säbner Straße in München (Bayernsitz) finden zurzeit keine
Interviews statt. „Wenn es derart ruhig ist beim FC Bayern München, dann sorgt das
für gemischte Gefühle: Die einen finden das angenehm - die anderen zumindest
verdächtig."(ebd. :11ff). Auch bei der Berliner Zeitung wird die 0:4 Niederlage gegen
Barcelona erwähnt. Seit dieser Niederlage herrscht Schweigen gegenüber der
Presse bei Vorstand des FC Bayern. Vom Trainer und den Spielern ist zu hören,
dass die Stimmung super sei, auch vor dem bevorstehenden Bundesligaspiel gegen
Schalke 04. Kapitän Mark van Bommel wir zitiert "Wenn man gewinnt, dann ist das
Umfeld ruhiger" (ebd.:20f). Diese Position ist gut nachvollziehbar, denn wenn die
Bayern verlieren bricht die Diskussion um Veränderungen aus, doch mit einem Sieg
wird diese zurückgehalten. Die Bayern können sich nicht vorstellen, dass der Vfl
Wolfsburg mit seinem Trainer Felix Magath(ehemaliger Bayern Trainer) den
Meistertitel gewinnt. Hier gibt die Berliner Zeitung eine Hintergrundinformation, indem
sie auf Felix Magath zu sprechen kommt. Dies wäre eine Blamage für die Bayern,
wenn der ehemalige Bayern Trainer Magath mit Wolfsburg den Titel holen würde. Zu
dem Titelgewinn folgen einige Spielerzitate wie das von Luca Toni „Wenn man die
Bundesliga gewinnt, wird man sich an dieses Jahr erinnern. Sonst nicht" (ebd.:32f)
Nach dieser Einführung über die Situation des Vereins kommt die Berliner Zeitung
nun erst auf den Trainer Klinsmann zu sprechen, dessen Situation noch immer sehr
ungewiss ist. Die Qualitätszeitung hat somit eine Art Hintergrundinformation gegeben

und ist nicht gleich wie in der verglichenen Boulevardzeitung auf den Trainer losgegangen. Jürgen Klinsmann hat laut der Berliner Zeitung den Kampf angetreten, beim Vorstand hat er neue Spieler gefordert, doch der Vorstand hält sich wie in allen zurzeit auch in diesen Punkten bedeckt. Es fällt auf, dass die Berichterstattung vor der Kündigung in der Berliner Zeitung wesentlich mehr Hintergrundinformationen gibt. Es wird mehr auf die Situation des FCB hingewiesen und es werden keine Urteile über Klinsmanns Zukunft gegeben (Vgl. Berliner Zeitung 25.04.09 Michael Neudecker „Und sagen: nichts").

Berichterstattung zur Kündigung:

„Der Rauswurf hat ihn schwer getroffen"(BILD Zeitung 28.04.09 „Der Rauswurf hat ihn schwer getroffen") so titelt die BILD nach Klinsmanns Kündigung. Der Artikel ist zu finden unter

http://www.bild.de/BILD/sport/fussball/bundesliga/vereine/bayern/2009/04/28/juergen-klinsmann/nach-klinsi-entlassung-jetzt-jupp-heynckes-bayern-trainer.html

Ein Titel, der die Linie dieser Zeitung verfolgt, Klinsmann wird direkt in der Überschrift angesprochen. Die im Folgenden kurze Einführung in den Artikel wirkt dramatisierend. Es wird protokollmäßig dargestellt, dass „was mit großen Träumen"(ebd.:7)begann, endete gestern(27. April) um 9.33 Uhr mit den Worten des Vorstands Karl-Heinz Rummenigge „ Jürgen, du bist mit dem heutigen Tag nicht mehr Trainer unserer Mannschaft"(ebd.:9f). Diese Einleitung dramatisiert durch ihre detaillierten Angaben und auch das Zitat Rummenigges ruft Emotionen hervor(Vgl. BILD Zeitung 28.04.09 „Der Rauswurf hat ihn schwer getroffen")

Im Folgenden wird der Artikel nun als eine Art Protokoll des Tages der Kündigung dargestellt. Das Protokoll als Darstellungsform lässt auf eine große Detailmenge schließen. Außerdem ist ein Spannungsweg zu erkennen, das Protokoll baut Spannung auf, bis Jürgen Klinsmann wirklich erfährt, dass er gekündigt wird. Es wird auf einen Dramatisierungswortschatz oder auch Kriegsvokabeln zurückgegriffen wenn es heißt „BILD protokolliert die letzten Stunden einer Entscheidung, die

<u>Fußball</u>(!)-Deutschland beben lässt"(ebd.:14f). Es wird genau aufgezeigt, wer sich am Sonntagnachmittag alles zur Krisensitzung getroffen hat, neben Hoeneß, Rummenigge sind auch Finanzvorstand Karl Hopfner und Teammanager Christian Nerlinger dabei. In den nächsten Worten heißt es „Er wird dazugeholt"(ebd.:21). Mit „Er" ist Klinsmann gemeint. Die Ansprache in der dritten Person wirkt abwertend. Es folgt ein Zitat von Hoeneß, das den Grund für diese Entscheidung aufzeigen soll.

> „Wir haben den Trend seit Weihnachten betrachtet. Wir haben alle
> wichtigen Spiele verloren. Wir haben uns große Sorgen um den Verein
> gemacht. Wir waren nicht einmal Tabellenführer." (ebd.:23ff).

Nun folgt im Text wieder ein Rückblick, kurz vor der mit Spannung erwarteten Entscheidung und vor allem Klinsmanns Reaktion, fängt der Tag noch einmal von vorne, an er wird neu aufgerollt. So kann die Spannung noch einmal von Neuem gesteigert werden. „Montag, kurz vor 8 Uhr. München-Grünwald. Klinsi fährt seine Kinder in die Schule, wirkt entspannt. Ahnt er wirklich nichts?"(ebd.:41f). Hier wird des Trainers Privatleben miteinbezogen, ein Vater, der seine Kinder zur Schule fährt. Dies hat einen Effekt auf die LeserInnen, denn sie sehen, auch Klinsmann ist Vater, der seine Kinder in die Schule fährt. Von der Ankunft im Bayern Zentrum bis zum Eintritt in Rummenigges Büro erfolgt nun fast jede Minute ein neuer Protokollabschnitt, der sehr detailliert ist. Es wird über seine Kleidung und sein Auto berichtet, was dem/der LeserIn es ermöglicht sich die Situation bildhaft vorzustellen. Die gegebenen Hintergrundinformationen sind jedoch nicht von großem Nutzen, sie tragen nichts zur sachlichen Lage bei. Dann geht es ganz schnell bis zum Entlassungssatz. Die detaillierte Dokumentation der letzen Stunden des Schwaben(Klinsmann) als Trainer von Bayern München, lassen diese zu einer Art Drama werden. Die Boulevardzeitung gibt hier in leicht geschriebener Form viele zum Teil auch unwichtige Angaben, die eine Spannungslinie aufbauen sollen. Schon kommt Klinsmanns Anwalt ins Spiel, es geht um die Abfindung, da der Vertrag ursprünglich bis 2010 laufen sollte. Die BILD bringt außerdem noch eine andere Dramatik ins Spiel, die des Aufhörens. Klinsmann konnte bisher ob als Spieler oder auch Bundestrainer immer selbst entscheiden wann Schluss ist, „Nun haben andere ihm gesagt: Aus und vorbei."(ebd.:68f). Es ist zu erkennen, dass der Boulevard hier eine grundlegende Strategie der Dramatisierung verfolgt. Die Sachlage wird überspitzt dargestellt und durchaus Parallelen zu einem „normalen" Leben gezogen. So fährt er seine Kinder in die Schule, ihm wird gekündigt und um 11.38 Uhr ist er wieder zu Hause bei Ehefrau Debbie (Vgl. ebd.:65-77).

Bei der BILD Zeitung fällt auf, dass viel mit Fotos gearbeitet wird. Die Titel sind groß und die Bilder spektakulär.

Dieses Bild, das in der Boulevardzeitung am 28. April erschien zeigt den gekündigten Bayern Trainer nachdem er von seiner Entlassung erfahren hat. Man sieht ihn in seinem roten Polo Shirt in seine schwarzen Dienstwagen sitzen(Audi Q7) sitzen. Dies wurde im Artikel erwähnt (BILD Zeitung 28.04.09 „Der Rauswurf hat ihn schwer getroffen"). In der Mitte kann man Klinsmanns Gesicht sehen. Sein Blick ist das Wesentliche, ein Blick in die Leere. Man kann ihm seine Enttäuschung ansehen. Über das was ihm durch den Kopf geht, kann man nur spekulieren. Hätte er in der

Vergangenheit, bei den letzten Spielen vielleicht anders handeln sollen oder wie geht es jetzt weiter? Die Enttäuschung steht ihm ins Gesicht geschrieben.

Fast schon konträr kann man die Berichterstattung bei der Berliner Zeitung sehen. Hier geht es nicht darum um zu schildern wie der Tag an dem Klinsmann entlassen wurde nun genau von statten ging. Nein, es geht darum, wie es weiter geht. Der frühere Bayern Trainer Jupp Heynckes wird bis zum Saisonende einspringen. Die Qualitätszeitung titelt „Keine Experimente"(Berliner Zeitung 28.04.09 Boris Herrmann „Keine Experimente"). Der Artikel ist zu finden unter

http://www.berlinonline.de/berliner-zeitung/archiv/.bin/dump.fcgi/2009/0428/sport/0019/index.html

Mit diesem Titel wird nicht Klinsmann angesprochen sondern es geht um Jupp Heynckes. Den Übergangstrainer, ein ehemaliger Bayern Trainer mit dem der Vorstand nun bis zum Saisonende keine Experimente macht. Auch die Berliner schreiben zu Beginn vom verlorenen Spiel gegen Schalke. Im ersten Absatz wird „rein zufällig"(ebd.:7,8,11) dreimal wiederholt. Hier wird mit Ironie gesagt, dass es rein zufällig sei, dass Hoeneß an diesem Wochenende seinen alten Freund Jupp Heynckes bewirtet und dass dieser mit im Stadion war. Unterschwellig wir Hoeneß hierbei angekreidet, dass er seine Entscheidung Klinsmann zu entlassen schon früher als am 27. April gefällt haben soll.

Selbst die Berliner JournalistInnen bilden sich ein Urteil in dem es heißt, dass Jupp Heynckes nun als Trainer „keineswegs ein Produkt des Zufalls"(ebd.:14f) sei. Es werden Rückblicke und Hintergrundinformationen über den Manager der Bayern gegeben und somit versucht zu hinter leuchten, wie es zu dieser Entscheidung kam. Denn Uli Hoeneß fürchtet nach 30 Jahren als Manager des FCB um sein Lebenswerk und in solchen Momenten schert er seine Freunde um sich (Vgl. ebd.: 16-18).

Als Beispiel wird hier Otto Rehagel genannt, einen Trainer den Hoeneß 1996 ebenfalls nach nur 10 Monaten entließ. Damals sprang Franz Beckenbauer für den Rest der Saison ein. Auch dieser ist genauso wie Jupp Heynckes Nationalmannschaftskumpel aus Hoeneß Zeit in den Siebzigern(Vgl. ebd.:20-24). Ein Merkmal bei den Berlinern ist ein Vergleich zwischen dem nun alten Trainer Jürgen

Klinsmann und dem Neuen Jupp Heynckes. Klinsmann wird hier in der Kategorie des nationalen Helden betrachtet und ein Rückblick auf die WM 2006 gezogen.

„Als der Chefstratege des WM-Sommers nach München kam, wurde er als Heilsbringer des zeitgenössischen Fußballs gefeiert, als unangepasster, laptopgestützer Muntermacher."(ebd.:34f). Klinsmann stand für eine neue Ära, er hat während der WM eine neue Art des Fußballs entwickelt, mit Hilfe amerikanischer Fitness- und Mentalprogramme. Er stand für einen Neuanfang. Mit Jupp Heynckes hat Bayern nun seinen ältesten Trainer der „unklinsmännischer"(ebd.:36) nicht sein könnte. Heynckes steht mehr für Stabilität und nicht für Innovation wie es Klinsmann tat. So hat sich die Zentrale von Bayern München innerhalb einer Saison selbst widersprochen.

Durch den Freundschaftsdienst von Heynckes gewinnen Hoeneß und Rummenigge Zeit um nach einer dauerhaften Trainerlösung zu suchen. Am Ende erfolgt eine Auflistung mit allen Trainern Von Jupp Heynckes(ab 1987) bis zum heutigen Tage(Vgl. Berliner Zeitung 28.04.09 Boris Herrmann „Keine Experimente"). Im Vergleich zur BILD fällt auf, dass bei der Berliner Zeitung viel mehr Hintergrundinformation gegeben wird und nicht so sehr auf das spektakuläre wie die Person Klinsmann abgezogen wird. Es geht vielmehr um eine sachliche Berichterstattung der Situation, sowie die zukünftige Entwicklung.

Nachberichterstattung:

Bei der Nachberichterstattung kann man in der BILD Titel finden wie „Aufbruch nach dem Rauswurf"(BILD 28.04.09 von Matthias Brügelmann „Aufbruch nach dem Rauswurf") oder auch „Nach seinem Rauswurf bleibt Klinsi in Deutschland" (BILD 29.04.09 „Nach seinem Rauswurf bleibt Klinsi in Deutschland"). Die Artikel sind zu finden unter
http://www.bild.de/BILD/sport/fussball/bundesliga/vereine/bayern/2009/05/27/bild-kommentar/aufbruch-nach-dem-rauswurf.html und
http://www.bild.do/BILD/sport/fussball/bundesliga/vereine/bayern/2009/04/29/juergen-klinsi-klinsmann/bleibt-erst-mal-in-deutschland.html
Es fällt auf, dass die abgekürzte Form von Klinsmann nämlich „Klinsi" fast durchgehend bei den Titeln der BILD Zeitung zu finden sind. Hiermit wird die

Aufmerksamkeit der LeserIn sofort auf diese Person gelenkt und jeder weiss gleich um was es geht. „Der 27. April hätte ein schwarzer Tag für den FC Bayern werden können"(BILD 28.04.09 von Matthias Brügelmann „Aufbruch nach dem Rauswurf:1"). Diese Aussage lässt durchblicken, dass die Kündigung Klinsmanns kein schwarzer Tag für den FC Bayern war. Es stellt sich nun die Frage inwieweit die BILD Zeitung das beurteilen kann. Sie folgert, dass die Entlassung Klinsmanns eine persönliche Niederlage für den Vereinsvorstand Karl-Heinz Rummenigge sowie Uli Hoeneß war. Die BILD sieht die Entscheidung des Vorstandes als ein Signal zum Aufbruch (Vgl. ebd.:1-13).

„Der Klinsmann-Rauswurf war schmerzhaft, aber notwendig"(ebd.:15f). BILD urteilt direkt, sie bezieht Position und stellt sich hinter die Entscheidung zur Kündigung Jürgen Klinsmanns. Es ist fraglich inwieweit Zeitungen solche Positionen beziehen sollten und somit über Sachverhalte klar urteilen. Im Weiteren wird der neue Trainer van Gaal erwähnt, der zur neuen Saison kommen soll. Er ist laut BILD ein Trainer mit „Weltruf"(ebd.:16).

Man bekommt den Eindruck, dass die BILD gegenüber Rummenigge und Hoeneß sehr positiv eingestellt ist, da diese alles für den Verein tun und ihre Fehler korrigieren, hiermit ist wohl die Einstellung Klinsmanns gemeint (Vgl.ebd.:16-19).

In einem anderen Artikel heißt es „Nach seinem Rauswurf bleibt Klinsi in Deutschland" (BILD 29.04.09 „Nach seinem Rauswurf bleibt Klinsi in Deutschland").

Zu Beginn versucht die Zeitung auf Klinsmanns psychischen Zustand einzugehen, so heißt es Klinsmann sitze „gefrustet in seiner Villa"(ebd.:6). Es wird ein mutmaßlicher Freund Klinsmanns zitiert „Jürgen ist tief enttäuscht und nicht gerade bester Stimmung" (ebd.:6f), hier weiß man jedoch nicht wer das ist und wie nahe dieser Freund Klinsmann wirklich steht. Die BILD beginnt hier mit einem persönlichen Einstieg, der das Privatleben Klinsmanns betrifft. Auf dieser Schiene wird fortgefahren, denn Klinsmann soll in Deutschland bleiben, laut einer familiären Entscheidung. Im Jahr 2006 nach der WM verschwand er wieder nach Kalifornien zu seiner Familie. Doch nun ist die Familie in München, denn zu Beginn hat wohl niemand mit einer vorzeitigen Kündigung des Vertrages gerechnet, der noch bis 2010 laufen sollte. Die Familie ist da und so bleibt auch Klinsmann in Deutschland. Es werden sogar die Kinder persönlich genannt, die auf eine internationale Schule gehen und auch Ehefrau Debbie soll sich laut BILD in München wohlfühlen (Vgl. ebd.:9-16). Es wird ein Urteil gefällt, dass sich die Ehefrau in München wohlfühlt, ob es wirklich so ist oder ob die nur gekommen sind weil Klinsmann einen Vertrag bis 2010 hatte, ist die Frage. Am Ende wird noch ein Ausblick in die nahe Zukunft gegeben. Klinsmann warte nun auf eine neue Chance in der Bundesliga oder im europäischen Ausland, eine Rückkehr in die USA soll nicht zur Debatte stehen(Vgl. ebd.:18-20). In dieser Nachberichterstattung beleuchtet die BILD vor allem die Private Situation.

„Für Uli" (Berliner Zeitung 29.04.09 von Michael Neudecker „Für Uli") heißt es in der Berliner Zeitung. Der Artikel ist zu finden unter http://www.berlinonline.de/berliner-zeitung/archiv/.bin/dump.fcgi/2009/0429/sport/0010/index.html
Ein Titel der sich auf den Bayern Manager Uli Hoeneß bezieht. Das „Für" kommt vom neuen Übergangstrainer Jupp Heynckes, der den Trainerdienst „für" seinen Freund und ehemaligen Nationalmannschaftskollegen Uli Hoeneß leistet. Dies kann man auch in Zeile 20 lesen, wo Heynckes formuliert „für meinen Freund Uli"(ebd.:20).Den Einstieg in den Artikel liefern Heynckes und Co-Trainer Gerland, die vor dem ersten Training mit der Mannschaft von Fotografen und JournalistInnen umringt werden. Doch nach einiger Zeit wird es den Beiden zuviel und sie gehen zur Mannschaft. Daran kann man erkenne, dass die Neuen im Gegensatz zu Klinsmann keine Trainer sind, die sich gerne in der medialen Öffentlichkeit inszenieren. „Er wird mir sagen, was ich zu tun habe" (ebd.:17) heißt ein Zitat des Co-Trainers Gerland. Hier werden die veränderten Machtpositionen dargestellt. Jupp Heynckes ist nun der Chef der Profi Fußballer und verantwortlich dafür, die Bayern diese Saison mindestens noch zu einem Tabellenplatz mit direkter Champions League Qualifikation zu führen. Die Berliner stellen im Folgenden die Beiden neuen Chefs auf der Trainerbank vor. Mit 63(Heynckes) und 54(Gerland) Jahren sind die Beiden das älteste Trainerduo in der Bundesliga. Die Zeitung spricht von viel Erfahrung. Außerdem wird geklärt was nach der Saison passieren wird. Heynckes wird „in sein Landhaus in der Nähe von Mönchengladbach, Gerland In die dritte Liga" (ebd.:28f) als Trainer zurückkehren. Gerland, der unbekannte Co-Trainer aus der dritten Liga soll sehr direkt sein und seine Spieler auch schon einmal „Osterhasen" (ebd.:43) genannt haben. Bei den

Profis wird er sich aber zurückhalten. (vgl. ebd.:37-45). Es werden hier einige Hintergrundinformation über die Beiden gegeben.

Der Grund für Heynckes Entscheidung wird noch einmal betont, denn die Münchner liegen ihm neben Borussia Mönchengladbach und Athletic Bilbao besonders am Herzen.
Gegen Ende wird dargestellt wie der neue Trainer nun mit seiner Aufgabe umgeht. „'Er will die Spieler nun kennenlernen' sehen ob sie aktiv sind, ob sie leben, sich bewegen" (ebd.:66f). Für ihn liegt das Problem der Mannschaft voll und Ganz im Mentalbereich (Vgl. ebd.:65-70).
In der Nachberichterstattung bei der Berliner Zeitung werden viele Hintergrundinformationen gegeben über die neuen Trainer und ihre Taktik.

Ergebnisse aus den Kategorien:
1.Interviews:
Zu Interviews lässt sich sagen, dass beide Zeitungen keine expliziten Interviews mit Klinsmann oder anderen Personen zur Berichterstattung geführt haben. Es ist jedoch auffallend, dass viel mit Zitaten aus offiziellen Interviews oder Pressekonferenzen gearbeitet wird. Vor allem bei der BILD Zeitung werden diese Zitate zur Dramatisierung oder auch zur Hervorrufung von Emotion bei den LeserInnen, gezielt eingesetzt.

Hintergrundinformationen:
In Bezug auf die Hintergrundinformationen lässt sich eindeutig sagen, dass in der Berliner Zeitung mehr geliefert werden als in der BILD. Bei der BILD Zeitung wird die Berichterstattung vermehrt auf die Person Klinsmann bezogen und es werden weniger Hintergrundinformationen gegeben. Bei der BILD dienen diese beispielsweise zur Dramatisierung und nicht primär um den/die LeserIn mit qualitativen Informationen zu versorgen. Es wird z.B. auf Klinsmanns Familie eingegangen. Dies ist zwar eigentlich eine Hintergrundinformation, doch es dient nur dazu dem/der LeserIn zu zeigen, dass auch Klinsmann Familienvater ist und seine

Kinder zur Schule bringt. Die Identifikation wird dadurch gefördert. Die Berliner Zeitung gibt Informationen über das Verhalten von Manager Uli Hoeneß, der/die LeserIn erfährt, dass dies nicht die erste kurzfristige Entlassung in seiner Bayernzeit war. Im Jahre 1996 hat er Otto Rehagel entlassen und sein ehemaliger Nationalspielerkollege Franz Beckenbauer ist für den Rest der Saison eingesprungen. Die Berliner geben generell mehr Hintergrundinformationen über die Person wie es zu dem Rauswurf kam, wie diese Entscheidung zustande gekommen ist und dann gehen sie auch auf die Zukunft ein. Es wird erläutert wie Jupp Heynckes nun mit seiner neuen Aufgabe umgeht und die beiden Trainer werden näher vorgestellt.

Nationaler Held:

Die Bezeichnung nationaler Held, die von der Zeit der Weltmeisterschaft herrührt, wird sehr wenig verwendet. Die BILD geht gar nicht auf die vergangene Zeit ein, was Klinsmann früher war. In der Berliner Zeitung heißt es schon, dass Klinsmann als Held der Weltmeisterschaft nun für eine neue Ära stand, als er den Trainerposten bei Bayern München übernahm.

Dramatisierung:

In Sachen Dramatisierung, ist es eindeutig die BILD Zeitung, die dieses Mittel vermehrt einsetzt. Es geht bei einer Boulevardzeitung wie der BILD vor allem um Schlagzeilen und eine spektakuläre Darstellung des Inhaltes. So wird oft mit zusammengestellten Zitaten und einer gezielt ausgewählten Berichterstattung dramatisiert. Bei Klinsmanns Kündigung hat die BILD ein Protokoll des Tagesablaufes veröffentlicht, dies lief klar auf einen Höhepunkt zu, mit den Reaktionen Klinsmanns auf die Kündigung konnte die BILD dann mit einer geeigneten Darstellung Emotionen bei den LeserInnen hervorrufen.

Die Berliner Zeitung als qualitative Zeitung verfolgt nicht das Prinzip der Dramatisierung. Sie versucht die Inhalte sachlich darzustellen und ihre LeserInnen zu informieren. Hier werden allgemein Informationen bereitgestellt, die für die Kündigung Klinsmanns von Nutzen sind. Es wird im Gegensatz zur BILD nicht darauf geachtet einen Sachverhalt möglichst dramatisch darzustellen.

Gründe:

Gründe hängen stark mit Hintergrundinformationen zusammen. Denn durch diese lassen sich mutmaßliche Gründe für die Entscheidung zu Klinsmanns Kündigung ableiten. In der oben durchgeführten Analyse der Artikel, kann man sehen, dass in der Berliner Zeitung vermehrt versucht wird Gründe für die Entscheidung zu liefern. Es werden in beiden Zeitungen die schlecht laufende Saison und die wage Champions League Qualifikation genannt. Die Berliner Zeitung geht hierbei aber noch mehr ins Detail indem sie versucht nachzuvollziehen warum Hoeneß so gehandelt hat. Es wird Hoeneß Vergangenheit beleuchtet, die darüber viel Aufschluss gibt.

Vergleich:

Vergleiche zu früheren Trainern werden eindeutig in der Berliner Zeitung gezogen. Die Entscheidung von Hoeneß wird hinterleuchtet, dadurch werden Vergleiche zu früheren Trainern gezogen wie z.B. Otto Rehagel, der auch nur für eine ähnlich lange Zeit wie Klinsmann Trainer war. Außerdem vergleicht die Berliner Zeitung Klinsmann mit seinem Nachfolger Heynckes.

Titel:

Die Titel der BILD beziehen sich fast ausschließlich auf Klinsmann, meistens kommt die Abkürzung „Klinsi" im Titel vor wie z.B. „Klinsi vor dem Ende" oder „Nach seinem Rauswurf bleibt Klinsi in Deutschland". Bei „Der Rauswurf hat ihn schwer getroffen", wird im Titel über ihn geurteilt. Die Titel der BILD sind während der Berichterstattung sehr auf die Person Klinsmann fokussiert, der/die LeserIn weiß somit gleich um was es geht.

Bei der Berliner Zeitung kann vom Titel nicht immer sofort auf das Thema geschlossen werden wie z.B. bei „Und sagen nichts", „Keine Experimente" oder „Für Uli". Aus den Titeln ist nicht gleich zu erkennen was im vorliegenden Artikel zu erwarten ist. Der Fokus liegt nicht auf der Person Jürgen Klinsmann.

Urteile:

Bei den Urteilen ist deutlich zu erkennen, dass die BILD mehr urteilt als die Berliner Zeitung. Ein Beispiel hierfür findet man im Artikel „Aufbruch nach dem Rauswurf"(28.04.09) von Mathias Brügelmann. Hier heißt es in Zeile 15 „Der Klinsmann-Rauswurf war schmerzhaft aber notwendig". Die BILD erlaubt sich hier ein Urteil über die Entscheidung der Entlassung, indem sie diese für notwendig bezeichnet, befürwortet sie diese. Bei der Analyse ist aufgefallen, dass die Berliner Zeitung deutlich weniger bis gar nicht über Entscheidungen oder Sachverhalte urteilt.

Privatleben:

Mit dem Privatleben von Jürgen Klinsmann beschäftigt sich ausschließlich die BILD. In dem Artikel „Nach seinem Rauswurf bleibt Klinsi in Deutschland" (29.04.09) heißt es in Zeile 14ff, dass der ehemalige Bundestrainer nun in Deutschland bleibt denn „Jetzt sind seine Liebsten hier in Deutschland. Sohn Jonathan(11) und Tochter Leila (8) gehen auf eine internationale Schule. Auch Ehefrau Debbie (42) fühlt sich in München wohl."

Blick in die Zukunft

Der Blick in die Zukunft wird hauptsächlich von der Berliner Zeitung gemacht. Die BILD schneidet kurz an, dass Klinsmanns Zukunftspläne ein Verein in der Bundesliga oder im europäischen Ausland ist. (Vgl. BILD Zeitung „Nach seinem Rauswurf bleibt Klinsi in Deutschland" 29.04.09 :19f)
Die Berliner Zeitung geht detailliert auf die Zukunft des Vereins ein und beschäftigt sich mit den neuen Trainern. Vor allem ihre Nachberichterstattung konzentriert sich auf die Zukunft des FC Bayern, wie die neuen Trainer agieren und was nach dieser Saison kommt. Bei der BILD steht die Person Klinsmann im Vordergrund.

Aufmachung:

Die Aufmachung der BILD ist wie der Name schon sagt, sehr mit Bildern versehen und es gibt große Schlagzeilen. Der Text ist im Vergleich zur Berliner Zeitung eher gering. Bei der Berliner Zeitung sind die Titel in einem kleineren Format als bei der BILD, es wird zwar mit Bildern gearbeitet, doch diese sind im Vergleich zum Text eher klein. Der Textteil ist der umfangreichste Teil.

Hypothesen:

Die aus meiner Untersuchung her rührenden Hypothesen lauten:

1. Die Berichterstattung bei Boulevardzeitungen ist mehr auf eine Person wie Person Jürgen Klinsmann gerichtet als bei einer Qualitätszeitung.

2. Die PR-Meldung zur Kündigung Klinsmanns beeinflusst die BILD als auch die Berliner Zeitung in gleichem Maße

3. Die Berliner Zeitung recherchiert mehr nach Hintergrundinformationen als die BILD Zeitung.

4. Sowohl von der BILD als auch von der Berliner Zeitung wurde die Berichterstattung zur Kündigung vorhergesehen.

5. Die BILD erlaubt sich weitaus mehr Urteile als die Berliner Zeitung.

6. Die PR-Meldung wird von beiden Zeitungen in etwa gleich übernommen, die Qualitätszeitung recherchiert aber mehr Hintergrundinformationen als die Boulevardzeitung.

Schlussfolgerung:

In meinem Fazit möchte ich noch auf die Verknüpfung des Theorieteils mit den Ergebnissen des Forschungsteils eingehen. In diesem konkreten Beispiel der PR-Meldung zur Kündigung Jürgen Klinsmanns ist eine Determination der journalistischen Texte vorhanden. Die Informationen aus der PR-Meldung werden von den Journalisten aufgegriffen. Es ist jedoch auch zu beobachten, dass JournalistInnen viel Eigenrecherche betreiben wird, also Hintergrundinformationen beschaffen. Bei der BILD ist zu beobachten, dass die Berichterstattung mehr auf die Person Jürgen Klinsmann bezogen ist. Die Berliner Zeitung hat einen größeren Blickwinkel, es steht der Verein Bayern München, die Entscheidung zur Kündigung und die Zukunft des Vereins im Fokus. Auch die Faktoren zur Themenauswahl laut Becker finden Anwendung auf die Berichterstattung. Die Meldung kann zum Faktor Nähe gezählt werden, da der Verein und die Person Jürgen Klinsmann als ehemaliger Bundestrainer in der Berichterstattung der Medien immer präsent ist. Die Meldung trifft auch auf das Thema Rekorde, Siege und Elite-Sportler zu, denn Bayern München ist der Rekordmeister und Jürgen Klinsmann nach der WM 2006 eine Person im Rampenlicht.

Die Analyse einer Qualitäts- und einer Boulevardzeitung in Bezug auf die Verwertung der PR-Meldung zur Kündigung Jürgen Klinsmanns, war sehr interessant. Ich habe dabei viel über die Unterschiede in der Berichterstattung der beiden Printmedien erfahren.

Erstaunt hat mich die Berichterstattung der BILD Zeitung, was mit bisher gar nicht so aufgefallen war. Die Fokussierung auf die Person Klinsmann ist bei der BILD deutlich zu merken, auch ihre gehäuften Urteile über Sachverhalte.

Ich finde das Thema sehr interessant, da man sehen kann wie unterschiedlich zweierlei Printmedien über ein und dasselbe Thema berichten. So kann man, wenn man dies weiterverfolgt auch auf eine unterschiedliche Meinungsbildung der jeweiligen LeserInnen schließen.

Quellenverzeichnis:

- Altmeppen, Klaus-Dieter(Hrsg.) (2004) „Schwierige Verhältnisse" Verlag für Sozialwissenschaften Wiesbaden

- Atteslander, Peter (2003): Methoden der empirischen Sozialforschung, Berlin

- Barth, Henrike/Donsbach, Wolfgang (1992): Aktivität und Passivität gegenüber Public Relations In: Burkart, Roland 2002„Kommunikationswissenschaft - Grundlagen und Problemfelder", Böhlau Verlag Ges. m. b. H. und Co. KG, Wien Köln Weimar: 297

- Beck, Daniel (2006): Der Sportteil im Wandel: die Entwicklung der Sportberichterstattung in Schweizer Zeitungen seit 1945 / 1. Auflage – Bern; Wien [u.a.]

- Becker, Peter (2001): Sport in den Massenmedien. Zur Herstellung der Wirkung einer eigenen Welt. In: Sportwissenschaften, 13. Jhg. 1983, H.1, S. 22-45, (zit. 1983a), zit. nach: Horky, Thomas: Die Inszenierung des Sports in der Massenkommunikation. Theoretische Grundlage und Analyse von Medienberichterstattung,

- Bibliographie zum Hochschulsport/Red (1978).: Harald Binnewies / Ahrensburg: Czwalina

- Burkart, Roland (2002) „Kommunikationswissenschaft - Grundlagen und Problemfelder" 4.Auflage, Böhlau Verlag Ges. m. b. H. und Co. KG, Wien Köln Weimar

- Die FIFA WM Deutschland 2006. Das Offizielle Buch zum Turnier, Gütersloh/München

- Frey, Ulrich (2004): Linford Christie gegen Carl Lewis. Die Sportreportage in der F.A.Z., In: Hackforth, Josef/ Christoph Fischer (Hrsg.): ABC des Sportjournalismus. Konstanz: 119 – 149

- Grunig, James E (1984): "Managing public relations" / James E. Grunig ; Todd Hunt . - Fort Worth, Texas [u.a.] : Holt, Rinehart and Winston

- Luhmann, Niklas: Soziologie als Theorie sozialer Systeme (1970b) In: Burkart, Roland 2002 „Kommunikationswissenschaft - Grundlagen und Problemfelder" Böhlau Verlag Ges. m. b. H. und Co. KG, Wien Köln Weimar: 458-465

- Merkel Bernd, Russ-Mohl Stephan, Zavaritt Giovanni (Hrsg.) (2007)„A complicated, antagonistic and symbolic affair Verlag: Università della Svizzera Italiana – Lugano / European Journalism Observatory (EJO)/ MAZ Die Schweizer Journalistenschule

- Neverla, Irene/Grittmann, Elke/Pater, Monika (Hrsg.) (2002): Grundlagen zur Journalistik,UKV Verlag

- Bentele Günter (Hrsg.) (2003): Öffentliche Kommunikation : Handbuch Kommunikations- und Medienwissenschaft / . - 1. Aufl. . - Wiesbaden : Westdt. Verlag

- Pastors, Wilfried (2004): Boulevardjournalismus Pur, In: Hackforth, Josef/ Christoph Fischer (Hrsg.): ABC des Sportjournalismus. Konstanz: 177 – 187

- Raupp Julia (2004): Determinationshypothese. In: Bentele, Günter, Fröhlich Romy, Szyska, Peter (Hrsg.): Handbuch PR, Verlag für Sozialwissenschaften, Wiesbaden

- Riesmeyer Claudia (2007) „Wie unabhängig ist Journalismus?" UVK Verlagsgesellschaft mbH, Konstanz

- Romy Fröhlich(1992): Qualitativer Einfluss von Pressearbeit auf die Berichterstattung. Die „geheime Verführung der Presse". In Publizistik1/

- „Spiegel" Ausgaben 22 – 27 /2006 SPIEGEL ONLINE GmbH Ein Unternehmen der SPIEGEL net GmbH Brandstwiete 19, 20457 Hamburg

- Schulz, Winfried (1990): Die Konstruktion von Realität in den Nachrichtenmedien: Analyse der aktuellen Berichterstattung, Freiburg (Breisgau)

- Schwier, Jürgen/Leggewie, Claus (2006a): „Medienfußball und Medienpolitik – Zwei Seiten einer Medaille?", In: Schwier, Jürgen/Leggewie, Claus (Hrsg.), Wettbewerbsspiele. Die Inszenierung von Sport und Politik in den Medien, Frankfurt/New York, 7-19

Internetquellen:

- Pressemitteilung 1.FC Bayern München vom 29.04.09 http://www.fcbayern.t-home.de/media/native/pressemitteilungen/presse-erklaerung_270409.pdf (26.07.09)

- BILD Zeitung „Klinsi vor dem Ende" von Kai Traemann und Jörg Althoff http://www.bild.de/BILD/sport/fussball/bundesliga/vereine/bayern/2009/04/11/j uergen-klinsi-klinsmann/das-ende-rauswurf-schon-beschlossen.html (26.07.09)

- BILD Zeitung „Der Rauswurf hat ihn schwer getroffen" Autor nicht ersichtlich http://www.bild.de/BILD/sport/fussball/bundesliga/vereine/bayern/2009/04/28/j uergen-klinsmann/nach-klinsi-entlassung-jetzt-jupp-heynckes-bayern-trainer.html (26.07.09)

- BILD Zeitung „Aufbruch nach dem Rauswurf" von Matthias Brügelmann http://www.bild.de/BILD/sport/fussball/bundesliga/vereine/bayern/2009/05/27/b ild-kommentar/aufbruch-nach-dem-rauswurf.html (26.07.09)

- BILD Zeitung „Klinsi bleibt in Deutschland" Autor nicht ersichtlich http://www.bild.de/BILD/sport/fussball/bundesliga/vereine/bayern/2009/04/29/j uergen-klinsi-klinsmann/bleibt-erst-mal-in-deutschland.html (26.07.09)

- BILD Zeitung „Klinsi bleibt in Deutschland" Autor nicht ersichtlich http://www.bild.de/BILD/sport/fussball/bundesliga/vereine/bayern/2009/04/29/j uergen-klinsi-klinsmann/bleibt-erst-mal-in-deutschland.html (26.07.09)

- Berliner Zeitung „Und sagen: nichts" von Michael Neudecker http://www.berlinonline.de/berliner-zeitung/archiv/.bin/dump.fcgi/2009/0425/sport/0042/index.html (26.07.09)

- Berliner Zeitung „Keine Experimente" von Boris Herrmann http://www.berlinonline.de/berliner-zeitung/archiv/.bin/dump.fcgi/2009/0428/sport/0019/index.html (26.07.09)

- Berliner Zeitung „Für Uli" von Michael Neudecker
  http://www.berlinonline.de/berliner-
  zeitung/archiv/.bin/dump.fcgi/2009/0429/sport/0010/index.html (26.07.09)

Anhang:

Anmerkung: Die Schrift im Anhang habe ich so gelassen wie im Original, so stechen die Texte mehr heraus und sind damit übersichtlicher.

Zu finden ist die Pressmitteilung unter http://www.fcbayern.t-
home.de/media/native/pressemitteilungen/presse-erklaerung_270409.pdf (26.07.09)

1 **Pressemitteilung 1.FC Bayern München vom 29.04.09**

2

3 **FC Bayern München AG Direktion Medien und Kommunikation** Telefon (089)
4 699 31 74 00 Telefax (089) 644 200 www.fcbayern.de **PRESSE**ERKLÄRUNG
5 München, den 27. April 2009
6 **FC Bayern München trennt sich von Jürgen Klinsmann / Jupp Heynckes**
7 **übernimmt bis Saisonende**
8 Der FC Bayern München und Trainer Jürgen Klinsmann (44) haben sich getrennt.
9 Zwei Tage nach der enttäuschenden 0:1-Niederlage zuhause gegen Schalke 04 und
10 dem daraus resultierenden 3. Tabellenplatz entschloss sich der Vorstand der FC
11 Bayern München AG zu diesem Schritt. „Wir haben uns diese Entscheidung sehr
12 schwer gemacht," versichert Karl-Heinz Rummenigge, Vorstandsvorsitzender der
13 AG, „aber die Ergebnisse der vergangenen Wochen, die Art und Weise wie diese
14 zustande kamen und vor allem die Situation fünf Spieltage vor Saisonende zwangen
15 uns aus Verantwortung dem Klub gegenüber zu handeln. Mit Jupp Heynckes und
16 Hermann Gerland haben wir zwei erfahrene Trainer, denen wir die Leitung der
17 Mannschaft bis zum Saisonende übertragen." Der FC Bayern München dankt Jürgen
18 Klinsmann und seinem Team für ihre Tätigkeit. Ab morgen, Dienstag, den 28. April
19 2009, übernimmt Jupp Heynckes (63) die sportliche Leitung unserer
20 Lizenzspielermannschaft bis zum Saisonende 2008/2009. Ihm steht Hermann
21 Gerland (54) als Assistenztrainer zur Seite. Jupp Heynckes war bereits von 1987 bis
22 1991 Trainer des FC Bayern. Hermann Gerland trainiert seit 2001 die zweite

23 Mannschaft des Klubs, war davor bereits von 1990 bis 1995 Amateurtrainer des FC

24 Bayern. Wir werden uns heute, Montag, den 27. April 2009, bei einer

25 Pressekonferenz dazu äußern. Unsere Pressestelle wird Sie mit einer gesonderten

26 Einladung dazu zeitnah kontaktieren.

27

28 Mit freundlichen Grüßen, Markus Hörwick Direktor Medien und Kommunikation

BILD Zeitung „Klinsi vor dem Ende" von Kai Traemann und Jörg Althoff

1 **Wenn Jürgen Klinsmann (44) über seine Arbeit beim FC Bayern redet, spricht er gern**
2 **von einem „Prozess", der länger dauert. Doch vielleicht ist er heute gegen 17.15 Uhr**
3 **schon zu Ende...**

4 BILD weiß: Verliert Klinsi gegen Frankfurt und damit die vielleicht letzte Chance auf die
5 Meisterschaft, werden die Bayern-Bosse reagieren! Klinsmanns Ära scheint auf jeden Fall vor
6 dem Ende zu stehen.

7 Es gilt als sicher, dass er trotz Vertrags bis 2010 im Sommer gehen muss. Die „Nacht der
8 Schande" mit dem 0:4 in Barcelona hat den Ruf des Rekordmeisters ramponiert. Die Bosse
9 Karl-Heinz Rummenigge (53) und Uli Hoeneß (57) redeten sich danach die Köpfe heiß.

10 **Auch gestern am Karfreitag telefonierten Bayerns Verantwortliche. Einziges Thema:**
11 **Klinsi!**

12 Rummenigge und Hoeneß zögerten jedoch, noch vor dem heutigen Frankfurt-Spiel den
13 Trainer zu entlassen. Karl-Heinz Rummenigge hatte in der „Nacht der Schande" eine scharfe
14 Bankett-Rede gehalten: „Ich weiß nicht, was ich mehr bin – schockiert, traurig oder wütend.
15 Es war eine indiskutable Leistung und eine Lektion, die weh getan hat."

16 Denn nun weiß jeder in Fußball-Europa: Vor diesen Bayern hat keiner mehr Respekt.
17 Sicherlich stand Klinsi nicht auf dem Platz, ER hat sich nicht von Messi und Co. austanzen
18 lassen. Aber ER hat es wieder nicht geschafft, die Elf vernünftig auf- und einzustellen.

19 **KLINSI VOR DEM ENDE!**

20 Er selbst wirkt angeschlagen, aber gefasst. Das Bankett verließ er erst Donnerstagfrüh um
21 1.43 Uhr – weit nach Rummenigge und Hoeneß. Vor dem Abflug aus Barcelona am
22 Donnerstagmorgen stellte er sich auch der entscheidenden Frage: Erreichen Sie die
23 Mannschaft noch?

24 Klinsi: „Natürlich erreiche ich die Mannschaft. Natürlich bin ich der Aufgabe gewachsen. Ich
25 stehe meinen Mann, wir kämpfen zusammen." Im Klub wachsen die Zweifel, dass die Spieler
26 noch auf Klinsi hören.

27 **Und es wächst die Angst, dass Bayern auch noch die Champions-League-Teilnahme für**
28 **die kommende Saison verspielt.**

29 Das würde einen Millionen-Verlust bedeuten – und wohl auch den Abgang von Franck
30 Ribéry (25). Der Fummel-Franzose würde wohl Theater machen, zu einem echten Top-Team
31 wechseln wollen – mit Barcelona flirtet er bereits...

32 KLINSI VOR DEM ENDE!

33 **Gestern ließ er vier Stunden früher trainieren, um mehr Zeit für die Vorbereitung auf**
34 **das Frankfurt-Spiel zu gewinnen. Vier Stunden, die eine ganze Saison retten sollen. Und**
35 **seinen Job.**

1 Das Protokoll Der Rauswurf hat ihn schwer getroffen

2 Jetzt geht es um rund fünf Millionen Euro Abfindung

3 Jürgen Klinsmann (44) und der FC Bayern – was mit großen Träumen und einer
4 glitzernden Präsentation im Januar 2008 begonnen hatte, endete gestern um 9.33 Uhr
5 im Büro von Karl-Heinz Rummenigge (53) mit diesen Worten: „Jürgen, du bist mit dem
6 heutigen Tag nicht mehr Trainer unserer Mannschaft."

7 Ein Satz besiegelt den Trainer-Rauswurf des Jahres.

8 **BILD protokolliert die letzten Stunden einer Entscheidung, die Fußball-Deutschland**
9 **beben lässt.**

10 Sonntag, gegen 15.30 Uhr. Im Zweit-Haus von Manager Uli Hoeneß in München-Ottobrunn
11 treffen sich die vier Macher zur Krisensitzung. Neben Hoeneß und Rummenigge auch
12 Finanzvorstand Karl Hopfner und Teammanager Christian Nerlinger.

13 Er wird dazugeholt, um über das Verhältnis Klinsi/Mannschaft zu sprechen.

14 Hoeneß: „Wir haben den Trend seit Weihnachten betrachtet. Wir habe alle wichtigen Spiele
15 verloren. Wir haben uns große Sorgen um den Verein gemacht. Wir waren nicht einmal
16 Tabellenführer."

17 **Während die Bosse beraten, läuft im TV Videotext. Meister-Rivale Wolfsburg verliert in**
18 **Cottbus. 0:1, 0:2. Felix Magaths Niederlage kippt Klinsi endgültig.**

19 Hoeneß: „Da hätte man ja glauben können: Jetzt überlegen sie es sich nochmal. Aber da
20 haben wir gesagt: Nein! Jetzt erst recht, weil wir jetzt wieder – wir sind ja so alte Fantasten –
21 die Chance sehen, mit einem neuen Schwung vielleicht das Unglaubliche zu schaffen.
22 Nämlich doch die Meisterschaft zu gewinnen."

23 **Hoeneß und Rummenigge telefonieren während der Sitzung. Unter anderem mit Jupp**
24 **Heynckes und am Abend mit Franz Beckenbauer in Salzburg.**

25 Nach vier Stunden Sitzung steht fest: Klinsi muss gehen. Er wird für Montagmorgen 9.30 Uhr
26 zur Säbener Straße bestellt.

27 Montag, kurz vor 8 Uhr. München-Grünwald. Klinsi fährt seine Kinder in die Schule, wirkt
28 entspannt. Ahnt er wirklich nichts?

29 9.29 Uhr. Klinsi (rotes Polo-Shirt, graue Jacke) fährt im schwarzen Dienstwagen Audi Q7 in
30 die Tiefgarage der Bayern-Zentrale. Auf dem Beifahrersitz sein Berater Roland Eitel.

31 9.30 Uhr. Auf die Minute pünktlich betritt Klinsi das Rummenigge-Büro. Berater Eitel wartet
32 draußen. Im Raum bereits Hoeneß und Hopfner.

33 Nach der Begrüßung kommt Rummenigge zügig auf den Punkt: „Jürgen, wir haben uns die
34 Sache nicht leichtgemacht." Dann folgt der Entlassungs-Satz.

35 Hoeneß später im Bayerischen Rundfunk: „Da möchte man am liebsten unter den Tisch
36 sinken." Und weiter: „Jürgen war geschockt. Aber das beste Konzept nützt nichts, wenn die
37 Ergebnisse nicht kommen."

38 **Klinsi spricht Finanzvorstand Hopfner an: „Mein Anwalt Andy Gross kommt auf dich**
39 **zu." Gemeint ist die Abfindung für seinen gekündigten Vertrag (bis 30. Juni 2010). Es**
40 **geht um rund fünf Millionen Euro. Nach BILD-Informationen war der Basler Anwalt**
41 **Gross bereits am Samstag beim 0:1 gegen Schalke im Stadion.**

42 Nach einer Viertelstunde ist alles vorbei.

43 10.45 Uhr. BILD.de meldet exklusiv: „Jürgen Klinsmann entlassen. Jupp Heynckes Trainer
44 bis Saisonende." Die TV- und Radiosender übernehmen die Nachricht von BILD.de.

45 11.27 Uhr. Klinsi braust davon – diesmal mit versteinerter Miene. Auch wenn er es nicht
46 zeigen will: Tief, bis ins Mark, hat ihn der Rauswurf getroffen. Als Spieler und als
47 Bundestrainer konnte er immer selbst den Zeitpunkt seines Aufhörens bestimmen. Nun haben
48 andere ihm gesagt: Aus und vorbei.

49 **Über die Bayern-Homepage lässt Klinsmann ein Statement verbreiten: „Natürlich bin**
50 **ich im Moment sehr enttäuscht.... Wir haben den Grundstein gelegt für die Zukunft. Ich**
51 **glaube noch immer daran, dass die Mannschaft in dieser Saison Deutscher Meister**
52 **werden kann."**

53 11.38 Uhr. Klinsi ist wieder zu Hause bei Ehefrau Debbie. Und bricht knapp zwei Stunden
54 später wieder auf.

55 13.42 Uhr. Hotel Vierjahreszeiten in der vornehmen Maximilianstraße. Hier hält Klinsi seine
56 persönliche Krisensitzung mit Berater Eitel ab.

57 **Heute verabschiedet sich Klinsmann von der Mannschaft. Sehen wir ihn in der**
58 **Bundesliga je wieder?**

1 # Aufbruch nach dem Rauswurf

2 26.05.2009 - 23:55 UHR

3 Von MATTHIAS BRÜGELMANN

4 **Der 27. April hätte ein schwarzer Tag für den <u>FC Bayern</u> werden können.**

5 An diesem Tag wurde Jürgen Klinsmann entlassen. Das war auch eine persönliche Niederlage
6 für die Bosse Hoeneß und Rummenigge.

7 Der Anfang vom Ende? Nein, das Signal zum Aufbruch!

8 Hoeneß und Rummenigge beweisen, dass sie immer noch stark genug sind, das Ruder
9 herumzureißen.

10 **Der Klinsmann-Rauswurf war schmerzhaft, aber notwendig. Mit van Gaal kommt ein**
11 **Trainer mit Weltruf. 30 Millionen Euro für Gomez sind gut angelegtes Geld.**

12 Hoeneß und Rummenigge machen sich nicht aus dem Staub, sondern korrigieren ihre Fehler.
13 Sie tun alles dafür, um ihren FC Bayern wieder an die Spitze zu bringen.

14 **Ob man sie mag oder nicht – dafür gebührt ihnen Respekt und Anerkennung.**

BILD Zeitung „Klinsi bleibt in Deutschland" Autor nicht ersichtlich

1   Klinsi bleibt in Deutschland

2   **m Tag danach tut's richtig weh!**

3   Statt auf dem Trainingsplatz an der Säbener Straße zu stehen, saß der gefeuerte Jürgen
4   Klinsmann (44) gestern gefrustet in seiner Villa in München-Grünwald. Ein Freund: „Jürgen
5   ist tief enttäuscht und nicht gerade bester Stimmung."

6   **Eine familiäre Entscheidung ist jedoch gefallen: Trotz seines Bayern-Rauswurfes bleibt**
7   **Klinsi in Deutschland – wahrscheinlich sogar für die nächsten Jahre. Eine „Flucht"**
8   **zurück in die USA ist nicht geplant.**

9   2006 verschwand Klinsi nach der WM und seinem Rücktritt als Bundestrainer wieder ins
10   kalifornische Huntington Beach zu seiner Familie. Jetzt sind seine Liebsten hier in
11   Deutschland. Sohn Jonathan (11) und Tochter Leila (8) gehen auf eine internationale Schule.
12   Auch Ehefrau Debbie (42) fühlt sich in München wohl.

13   **Eine Rückkehr nach Amerika, so heißt es aus Klinsmanns Umfeld, steht im Moment**
14   **nicht zur Diskussion. Nach dem ersten Schock wartet er auf eine neue Chance im**
15   **Fußball – in der Bundesliga oder dem europäischen Ausland...**

1   **Und sagen: nichts**

2   **Der Vorstand des FC Bayern München fällt vor der immens wichtigen Partie**
3   **gegen Schalke 04 durch Unauffälligkeit auf**
4   *Michael Neudecker*

5   MÜNCHEN. Jürgen Klinsmann erscheint ungewohnt früh am Freitagvormittag, aber das, sagt
6   er dann, sei eben eine Änderung, die seit dem Frankfurt-Spiel vor zwei Wochen besteht:
7   Früher da sein. "Wir treffen uns jetzt früher im Hotel, dann führen wir Gespräche", sagt
8   Klinsmann. Gespräche führen, das haben sie immer schon gemacht beim FC Bayern, nur
9   haben sie jetzt dafür: "mehr Zeit". Überhaupt war es erstaunlich gemütlich diese Woche rund
10 um das Trainingsgelände an der Säbener Straße in München: keine Krisensitzungen, keine
11 Skandalinterviews, ja: gar keine Interviews. Wenn es derart ruhig ist beim FC Bayern
12 München, dann sorgt das für gemischte Gefühle: Die einen finden das angenehm - die
13 anderen zumindest verdächtig.

14 Den Verschwörungstheoretikern gilt als Hauptargument, dass der Vorstandsvorsitzende Karl-
15 Heinz Rummenigge und der Manager Uli Hoeneß seit der Blamage von Barcelona (0:4)
16 beharrlich schweigen. Und weiterhin, dass von Trainer Jürgen Klinsmann und seinen Spielern
17 in den Tagen vor dem Spiel gegen den FC Schalke 04 am Sonnabend oft - auffällig oft - zu
18 hören ist, dass die Stimmung ganz toll sei. "Die Stimmung ist überragend", sagt sogar Kapitän
19 Mark van Bommel.

20 Doch er hat immerhin eine plausible Erklärung: "Wenn man gewinnt, dann ist das Umfeld
21 ruhiger." So gesehen käme einem Sieg gegen Schalke immense Bedeutung zu: Gewinnen die
22 Bayern, sind sie weiterhin mittendrin im Titelrennen und in der Ruhe - verlieren sie, kehrt das
23 sogenannte Umfeld zurück zur ungeheuer lauten Trainerdiskussion, die noch in der Vorwoche
24 geführt wurde. "Wir müssen annähernd die Maximalpunktzahl aus den verbleibenden sechs
25 Bundesligapartien holen", so formuliert es der Trainer selbst.

26 Schließlich wollen sie sich das nicht antun, dass am Ende ihr ehemaliger Angestellter Felix
27 Magath mit einem Klub namens VfL Wolfsburg die Meisterschale bekommt. Und weil die
28 Bayern schon sehr oft in einer Phase wie dieser waren, geben sie sich nun betont lässig: "Wir
29 müssen die restlichen Spiele gewinnen, aber wir haben auch nichts anderes vor", sagt Mark
30 van Bommel. Er sagt das mit einer Selbstverständlichkeit, die man wohl nur haben kann,
31 wenn man für einen Verein spielt, für den der Meistertitel nicht die Krönung einer mäßigen
32 Saison bedeutet. Sondern die Rettung. "Wenn man die Bundesliga gewinnt, wird man sich an
33 dieses Jahr erinnern. Sonst nicht", sagt Luca Toni. Nun: Die Chancen stehen gut, dass die
34 Erinnerung der Öffentlichkeit auch an einen Nicht-Meister FC Bayern 2009 gut wäre - all der
35 ruhigen Stimmung zum Trotz hat sich in der vergangenen Woche an der Situation für
36 Klinsmann ja wenig verändert. Seine Zukunft beim FC Bayern München ist noch immer mehr
37 als ungewiss.

38 Ruhig mal prügeln

39 Jürgen Klinsmann hat deshalb die Flucht nach vorn angetreten: Er hat neue Spieler gefordert,
40 er hat auch schon mit dem Vorstand darüber gesprochen, und natürlich habe der Klub

41 Investitionsbereitschaft signalisiert. Auch dazu sagen Karl-Heinz Rummenigge und Uli
42 Hoeneß: nichts. Sie haben eingesehen, dass jedes Wort die Lage nur hitziger machen würde.
43 Die Ruhe und diese "überragende Stimmung" sind also nicht zuletzt auf das Schweigen des
44 Vorstands zurückzuführen.

45 Was also soll gegen Schalke noch schief gehen? Zumal die Konkurrenz vielleicht doch etwas
46 nervös wird: In Wolfsburg gab es eine Auseinandersetzung im Training diese Woche,
47 Zvjezdan Misimovic und Rodrigo Alvim haben sich getreten und geschubst. "Ich find's gar
48 nicht so schlecht, wenn man sich mal prügelt", sagt dazu Mark van Bommel, und folgert: "Die
49 Mannschaft von denen lebt." Selbstverständlich lebe auch die Bayern-Mannschaft, "wir haben
50 auch mal Streitigkeiten, aber wenn man vom Platz geht, muss das vergessen sein".

51 Jürgen Klinsmann will die Szenen aus Wolfsburg lieber nicht kommentieren, "wir schauen
52 nur auf uns", sagt der Trainer. Selbstbewusstsein trägt man groß vor sich her, das war beim
53 FC Bayern noch immer die beste Antwort. Egal, ob es nun wirklich ruhig ist oder nicht.

1 **Keine Experimente**

2 **Der frühere Bayern-Trainer Jupp Heynckes springt bis zum Saisonende für**
3 **Jürgen Klinsmann ein**

4 *Boris Herrmann*

5 BERLIN. Am Wochenende hat Uli Hoeneß in seinem Haus am Tegernsee - rein zufällig -
6 einen alten Freund bewirtet, Jupp Heynckes. Weil der FC Bayern - rein zufällig - ein
7 Heimspiel hatte, ist er am Samstag mit nach München ins Stadion gekommen. Und als
8 Hoeneß nach diesem 0:1 gegen Schalke mal wieder einen neuen Trainer suchte, traf es sich
9 dann eben ganz gut - und rein zufällig - , dass Jupp Heynckes in der Nähe war.

10 Selbst wenn man Hoeneß abnimmt, dass er bis Sonntag um 17 Uhr "mit keinem Trainer der
11 Welt" über die Nachfolge von Jürgen Klinsmann verhandelt hat, so ist es doch keineswegs ein
12 Produkt des Zufalls, dass er nun Jupp Heynckes als Interimslösung bis zum Saisonende
13 präsentiert hat. Uli Hoeneß fürchtet nach 30 Jahren als Manager dieses, seines Klubs um sein
14 Lebenswerk. Und in solchen Momenten, das hat Strategie bei ihm, schart er seine Freunde um
15 sich.

16 Als er 1996 Otto Rehhagel entließ - ebenfalls nach der Ausrufung einer neuen Ära, die dann
17 ebenfalls nach nur zehn Monaten an einem 27. April endete - da sprang Franz Beckenbauer
18 für den Rest der Saison ein. Diesmal ist es mit Heynckes ein anderer
19 Nationalmannschaftskumpel aus den goldenen Siebzigern. Es ist jener Mann, den Hoeneß vor
20 18 Jahren schon einmal vor die Tür gesetzt hat, nach zwei Meistertiteln und zwei Halbfinal-
21 Teilnahmen im Europapokal der Landesmeister. "Wir haben damals beide geheult wie die
22 Schlosshunde", erzählte Hoeneß am Montag.

23 Die Tränenfreundschaft hat bis heute gehalten und fachlich bestand für den Bayern-Manager
24 ohnehin nie ein Zweifel: "Jupp Heynckes ist eben ein Fußballlehrer." Interessant an diesem
25 Satz sind vor allem die Zwischentöne. Vielleicht war es ganz gut, dass Klinsmann zu diesem
26 Zeitpunkt bereits vom Vereinsgelände gerollt war.

27 Stabilität statt Innovation

28 Als der Chefstratege des WM-Sommers nach München kam, wurde er als Heilsbringer des
29 zeitgenössischen Fußballspiels gefeiert, als unangepasster, laptopgestützter Muntermacher.
30 Der Mann, der jetzt seinen Scherbenhaufen zusammenfegen soll, könnte unklinsmännischer
31 nicht sein. Jupp Heynckes, 63, ist der älteste Trainer, den Bayern je hatte. Er steht für die
32 gute, alte Fußballschule. Für Stabilität statt Innovation. Nach dem Berufsanfänger kommt der
33 Frührentner. Die Schaltzentrale des Vereins widerlegt sich damit innerhalb einer Saison
34 selbst. Und doch ist diese Zwischenlösung aus Sicht der Münchner durchaus nachvollziehbar.
35 Heynckes hat offenbar aus alter Verbundenheit zum Klub gar nicht über Geld reden wollen,
36 bevor er zusagte. "Wir brauchen wahrscheinlich noch nicht einmal einen Vertrag", trällerte
37 ein erstaunlich gut aufgelegter Hoeneß am Montag. Und wohl nur aus Angst davor, dass ihm
38 die notorisch bayernkritische Fachpresse gleich wieder eine Schwarzarbeiter-Affäre anhängt,
39 schob er nach: "Obwohl wir natürlich einen Vertrag machen müssen." Es ging hier ja auch um
40 einen durchaus heiklen Tagesordnungspunkt. Der Trainer Klinsmann war ein teures
41 Missverständnis. Nächste Woche kommt sein Anwalt an die Säbener Straße, um eine

42 Abfindung auszuhandeln. Da Klinsmann noch einen Vertrag bis 2010 hat, dürfte diese
43 Abschiedsprämie nicht unter zehn Millionen liegen. Dazu kommt ein hübsches Investition-
44 Sümmchen für die dringend notwendigen Reparaturmaßnahmen am Kader. Und der Trainer,
45 der dann zur nächsten Saison übernehmen soll und, wie Rummenigge sagte, ein Volltreffer
46 werden muss, wird auch nicht ehrenamtlich arbeiten. Da ist der Freundschaftsdienst von
47 Heynckes überaus willkommen.

48 Außerdem gewinnen Hoeneß und Rummenigge durch diese Personalie Bewegungsfreiheit auf
49 der Suche nach einer Dauerlösung. Heynckes hat seine Karriere hinter sich. Sein Abschied
50 nach vier Wochen als Notarzt steht fest. "Wir haben jetzt keine Geheimnistuerei mehr nötig",
51 sagte Hoeneß.

52 Wenn man ihn richtig versteht, dann hat er jetzt auch von Experimenten erst einmal genug.
53 Heynckes soll Aufbruchstimmung verbreiten - und vielleicht auch noch die Meisterschale
54 bringen. Es ist nur eine von vielen Teilironien, dass der alte und neue Bayern-Coach damit am
55 Samstag gegen Mönchengladbach beginnen muss. Dort war die letzte Trainerstation von Jupp
56 Heynckes - bevor er wegen Erfolglosigkeit zurücktrat.

1 **Für Uli**

2 **Jupp Heynckes und Hermann Gerland sollen beim FC Bayern den Moment**
3 **retten. Die Zukunft muss warten**

4 *Michael Neudecker*

5 MÜNCHEN. Jupp Heynckes und Hermann Gerland lächelten gequält. Es war ja auch eine
6 merkwürdige Situation: Heynckes und Gerland standen um kurz nach vier Uhr auf dem Rasen
7 des Trainingsplatzes an der Säbener Straße, direkt vor den Fotografen und Kameras, es war
8 das erste Bild der neuen Trainer des FC Bayern. "Herr Heynckes, bitte mehr in die Mitte!" -
9 "Hallo, hierher schauen!" - "Und jetzt bitte winken!" Da wurde es den beiden dann doch zu
10 viel. Sie gingen wieder zurück zur Mannschaft. Heynckes stellte ein paar Pylonen auf, er hatte
11 mehrere Notizzettel in der Hand, und dann sprach er zu den Spielern. Jupp Heynckes ist jetzt
12 ihr Chef.

13 Erdkunde für Pappnasen

14 Er ist nun auch der Chef von Hermann Gerland. "Er wird mir sagen, was ich zu tun habe",
15 sagt Gerland, als er im prall gefüllten Mediencenter an der Säbener Straße von Uli Hoeneß
16 zusammen mit Heynckes vorgestellt wird. Heynckes hatte nach kurzer Rücksprache mit
17 seiner Frau schnell eine Zusage nach München gesandt, "für meinen Freund Uli", wie
18 Heynckes formuliert. Es soll sein Wunsch gewesen sein, Gerland als Assistent zu bekommen;
19 Gerland war bislang Trainer des Drittliganachwuchses beim FC Bayern. Gerland ist jetzt 54
20 Jahre, er hat viel Erfahrung, wenn auch nur national, und weil Jupp Heynckes schon 63 ist
21 und noch mehr Erfahrung hat, ergab das schon ein interessantes Bild: Wie die beiden etwas
22 betagteren Herren auf dem Podium sitzen, die neuen Retter des FC Bayern.

23 Dass Heynckes und Gerland die Richtigen sind, um zumindest die direkte Qualifikation für
24 die Champions League zu schaffen, daran haben sie beim FC Bayern keinen Zweifel.
25 Ebensowenig daran, dass beide für die kommende Saison wieder in ihr altes Leben
26 zurückkehren. Heynckes in sein Landhaus in der Nähe von Mönchengladbach, Gerland in die
27 Dritte Liga. Und dort, sagt Gerland, "will ich dann ein entspanntes Jahr verbringen", Mehmet
28 Scholl vertritt ihn ja die nächsten Wochen, "also gehe ich davon aus, dass ich die Mannschaft
29 in einem deutlich besseren Zustand wieder zurückbekommen werde". Überhaupt, für ihn sei
30 sofort klar gewesen, der Bitte von Uli Hoeneß nachzukommen, Heynckes zu assistieren, "und
31 meine Frau habe ich auch nicht fragen brauchen", sagt Gerland. Da lachen alle, auch
32 Heynckes schmunzelt. Auf einmal wirken die beiden alten Herren wie eine Frischzellenkur
33 für den FC Bayern.

34 Gerade Gerland ist legendär für seine knorrige Art, die nicht selten ins cholerische explodiert.
35 Zu dem slowenischen Nationalspieler Borut Semler, der unter Gerland Stürmer war bei den
36 Münchner Amateuren, der sich fühlte wie ein Star, aber nicht immer so spielte - zu Semler
37 also hat Gerland einmal diesen Satz gesagt: "Pass mal auf, du Pappnase, als ich noch gespielt
38 habe, da gab's dein Land noch gar nicht!"

39 Hermann Gerland redet so, nicht selten bezeichnet er seine Spieler auch als "Osterhasen".
40 Dass er derlei Begriffe auch bei den Profis verwendet, ist aber eher unwahrscheinlich. "Ich
41 werde mich zurückhalten", sagt Hermann Gerland. Vielmehr wird seine Aufgabe sein, die

42 tägliche Trainingsarbeit für Jupp Heynckes zu erledigen, der ja seit zwei Jahren nicht mehr im
43 Fußballgeschäft gearbeitet hat und sich aufgrund von gesundheitlichen Problemen weitgehend
44 zurückzog.

45 Jupp Heynckes wurde vor allem deshalb auserwählt, weil er den Verein kennt und der Verein
46 ihn. Heynckes sagt, er habe "eine andere Lebensplanung" gehabt, als noch einmal Trainer
47 beim FC Bayern zu werden - aber weil ihm die Münchner neben Borussia Mönchengladbach
48 und Athletic Bilbao nach eigenem Bekunden "besonders am Herzen liegen", konnte er nicht
49 anders. Er musste es machen.

50 Die Frage wird sein, wie Jupp Heynckes die Mannschaft nun anpackt, wie er sie zu besseren
51 Leistungen bringen kann. Jupp Heynckes hat darauf immerhin schon vor seinem ersten Hallo
52 zu den Spielern eine Antwort: "Ich muss viele Einzelgespräche führen, mein Knowhow
53 einbringen."

54 Sehen, ob sie leben

55 Mit welcher Taktik und welcher Aufstellung er seine bevorstehende Bundesliga-Premiere -
56 ausgerechnet - gegen Borussia Mönchengladbach am kommenden Samstag bestreiten will,
57 das weiß Jupp Heynckes noch nicht; kann er auch noch nicht wissen, am Dienstagnachmittag
58 beim ersten Training. Was er aber weiß: "Fußball muss mit Freude und Emotion gespielt
59 werden, und das ist das, was ich wecken werde." Er will die Spieler nun kennenlernen,
60 "sehen, ob sie aktiv sind, ob sie leben, wie sie sich bewegen". Und danach will er dann die
61 Mannschaft aufstellen. Er ist sich sicher, dass das Problem der Mannschaft des FC Bayern
62 ausschließlich "im Mentalbereich" liegt. Mit Jupp Heynckes also soll der Verein wieder so
63 sein, wie er mit ihm schon einmal war: erfolgreich und dominant.

64 Die Zeit dafür ist kurz, Jupp Heynckes weiß das. Und Hermann Gerland weiß das natürlich
65 auch, weshalb er betont, man sei jetzt "in einer besonderen Situation", das bedeutet auch:
66 "Wir können nicht ausprobieren, ob ein Thomas Müller vor 70 000 Leuten von Anfang an
67 spielen kann."

68 Ein bisschen ist es nun wieder so, wie es vergangene Saison unter Ottmar Hitzfeld war, als
69 der wusste, dass er am Saisonende gehen wird: Alles, was zählt, ist der Moment. Die Zukunft
70 kommt später.